𝕮𝖑𝖆𝖗𝖊𝖓𝖉𝖔𝖓 𝕻𝖗𝖊𝖘𝖘 𝕾𝖊𝖗𝖎𝖊𝖘

AN

ICELANDIC PRIMER

WITH

GRAMMAR, NOTES, AND GLOSSARY

BY

HENRY SWEET, M.A.

𝕺𝖝𝖋𝖔𝖗𝖉

AT THE CLARENDON PRESS

M DCCC LXXXVI

CONTENTS.

PREFACE.

THE want of a short and easy introduction to the study of Icelandic has been felt for a long time—in fact, from the very beginning of that study in England. The *Icelandic Reader*, edited by Messrs. Vigfusson and Powell, in the Clarendon Press Series, is a most valuable book, which ought to be in the hands of every student; but it still leaves room for an elementary primer. As the engagements of the editors of the Reader would have made it impossible for them to undertake such a work for some years to come, they raised no objections to my proposal to undertake it myself. Meanwhile, I found the task was a more formidable one than I had anticipated, and accordingly, before definitely committing myself to it, I made one final attempt to induce Messrs. Vigfusson and Powell to take it off my hands; but they very kindly encouraged me to proceed with it; and as I myself thought that an Icelandic primer, on the lines of my Anglo-Saxon one, might perhaps be the means of inducing some students of Old English to take up Icelandic as well, I determined to go on.

In the spelling I have not thought it necessary to adhere strictly to that adopted in the Reader, for the editors have themselves deviated from it in their *Corpus Poeticum Boreale*, in the way of separating ǫ from ö, etc. My own principle has been to deviate as little as possible from the traditional spelling followed in normalized texts. There is, indeed, no practical gain for the beginner in writing *tíme* for *tími*, discarding *ð*, etc., although these changes certainly bring us nearer the oldest MSS., and cannot be dispensed with in scientific works. The essential thing for the beginner is to have *regular* forms presented to him, to the exclusion, as far as possible, of isolated archaisms, and to have the defective distinctions of the MSS. supplemented by diacritics. I have not hesitated to substitute (ˉ) for (ʹ) as the mark of length; the latter ought in my opinion to be used exclusively—in Icelandic as well as in Old English and Old Irish—to represent the actual accents of the MSS.

In the grammar I have to acknowledge my great obligations to Noreen's *Altisländische Grammatik*, which is by far the best Icelandic grammar that has yet appeared—at least from that somewhat narrow point of view which ignores syntax, and concentrates itself on phonology and inflections.

The texts are intended to be as easy, interesting, and representative as possible. With such a language, and such a master of it as Snorri to choose from, this combination is not difficult to realise. The beginner is indeed to be envied who makes his first acquaintance with the splendid mythological tales of the North, told in an absolutely perfect style. As the death of Olaf Tryggvason is given in the Reader only from the longer recension of the Heimskringla, I have been able to give the shorter text, which is admirably suited for the purposes of this book. The story of Auðun is not only a beautiful one in itself, but, together with the preceding piece, gives a vivid idea of the Norse ideal of the kingly character, which was the foundation of their whole political system. As the Reader does not include poetry (except incidentally), I have added one of the finest of the Eddaic poems, which is at the same time freest from obscurity and corruption—the song of Thor's quest of his hammer.

In the glossary I have ventured to deviate from the very inconvenient Scandinavian arrangement, which puts *þ*, *æ*, *œ* right at the end of the alphabet.

I have to acknowledge the great help I have had in preparing the texts and the glossary from Wimmer's *Oldnordisk Læsebog*, which I consider to be, on the whole, the best reading-book that exists in any language. So excellent is Wimmer's selection of texts, that it was impossible for me to do otherwise than follow him in nearly every case.

In conclusion, it is almost superfluous to say that this book makes no pretension to originality of any kind. If it contributes towards restoring to Englishmen that precious heritage—the old language and literature of Iceland—which our miserably narrow scheme of education has hitherto defrauded them of, it will have fulfilled its purpose.

HENRY SWEET.

LONDON,
February, 1886.

GRAMMAR.

1. THIS book deals with Old Icelandic in its classical period, between 1200 and 1350.

PRONUNCIATION.

2. The Icelandic alphabet was founded on the Latin, with the addition of þ and ð, and of the modified letters ę, ǫ, ø, which last is in this book written ö, ö̈.

VOWELS.

3. The vowel-letters had nearly the same values as in Old-English. Long vowels were often marked by ('). In this book long vowels are regularly marked by (¯)[1]. The following are the elementary vowels and diphthongs, with examples, and key-words from English, French (F.), and German (G.) :—

a	*as in*	mann (G.)	halda (*hold*)
ā	,,	father	rāð (*advice*)
e	,,	été (F.)	gekk (*went*)
ē[2]		. . .	lēt (let *pret.*)
ę	,,	men	męnn (*men*)

[1] Note that the longs of ę, ö are written æ, œ respectively.
[2] Where no keyword is given for a long vowel, its sound is that of the corresponding short vowel lengthened.

B

æ	*as in*	there	sær (*sea*)
i	„	fini (F.)	mikill (*great*)
ī		. . .	lítill (*little*)
o	„	beau (F.)	orð (*word*)
ō		. . .	tōk (*took*)
ǫ	„	not	hǫnd (*hand*)
ö	„	peu (F.)	kömr (*comes*)
œ		. . .	fœra (*bring*)
ǫ̈	„	peur (F.)	gǫ̈ra (*make*)
u	„	sou (F.)	upp (*up*)
ū		. . .	hūs (*house*)
y	„	tu (F.)	systir (*sister*)
ȳ		. . .	lȳsa (*shine*)
au	„	haus (G.)	lauss (*loose*)
ei	=	ę + i	bein (*bone*)
ey	=	ę + y	leysa (*loosen*)

4. The unaccented *i* in *systir*, etc. (which is generally written *e* in the MSS.) probably had the sound of *y* in *pity*, which is really between *i* and *e*. The unacc. *u* in *fóru* (they went), etc. (which is generally written *o* in the MSS.) probably had the sound of *oo* in *good*.

Note that several of the vowels go in pairs of *close* and *open*, thus :

    close: e ē o ō ö œ.
    open: ę æ ǫ – ǫ̈ –.

CONSONANTS.

5. Double consonants followed by a vowel must be pronounced really double, as in Italian. Thus the *kk* in *drekka* (to drink) must be pronounced like the *kc* in *bookcase*, while the *k* in *dreki* (dragon) is single, as in *booking*. When final (or followed by another cons.) double conss. are pronounced

long, as in *munn* (mouth *acc.*), *hamarr* (hammer *nom.*), *steinn* (stone *nom.*), distinguished from *mun* (will *vb.*), and the accusatives *hamar*, *stein*.

6. *k* and *g* had a more front (palatal) sound before the front vowels *e, ę, i, ö, ǫ, y* and their longs, as also before *j*, as in *kęnna* (know), *keyra* (drive), *gö̈ra* (make), *liggja* (lie).

7. *kkj, ggj* were probably pronounced simply as double front *kk, gg*, the *j* not being pronounced separately.

8. *f* had initially the sound of our *f*, medially and finally that of *v*, as in *gefa* (give), *gaf* (gave), except of course in such combinations as *ft*, where it had the sound of *f*.

9. *g* was a stopped (back or front—guttural or palatal) cons. initially and in the combination *ng*, the two *g*'s in *ganga* (go) being pronounced as in *go*. It had the open sound of G. *g* in *sagen* medially before the back vowels *a, o, ǫ, u*, and all conss. except *j*, and finally :—*saga* (tale), *dǫgum* (with days); *sagði* (he said); *lag* (he lay). Before the front vowels and *j* it had the sound of G. *g* in *liegen*, or nearly that of *j* (our *y*), as in *sęgir* (says), *sęgja* (to say).

10. Before voiceless conss. (*t, s*) *g* seems to have been pronounced *k*, as in *sagt* (said), *dags* (day's).

11. The *g* was always sounded in the combination *ng*, as in *single*, not as in *singer*.

12. h was sounded before *j* in such words as *hjarta* (heart) much as in E. *hue* (=hjū). *hl, hn, hr, hv* probably represented voiceless *l, n, r, w* respectively, *hv* being identical with E. *wh* : *hlaupa* (leap), *hniga* (bend), *hringr* (ring), *hvat* (what).

13. j is not distinguished from *i* in the MSS. It had the sound of E. *y* in *young* : *jǫrð* (earth), *sętja* (to set).

14. p in *pt* probably had the sound of *f*: *lopt* (air).

15. r was always a strong point trill, as in Scotch.

16. s was always sharp.

B 2

17. **v** (which was sometimes written *u* and *w*) had the sound of E. *w*: *vel* (well), *hǫggva* (hew).

18. **z** had the sound of *ts*: *bęztr* (best).

19. þ and ð were used promiscuously in the older MS., the very oldest using þ almost exclusively. In Modern Icelandic þ is written initially to express the sound of E. hard *th*, ð medially and finally to express that of soft *th*; as there can be no doubt that this usage corresponds with the old pronunciation, it is retained in this book: *þing* (parliament), *faðir* (father), *við* (against). In such combinations as *þð* the ð must of course be pronounced þ.

STRESS.

20. The stress (accent) is always on the first syllable.

PHONOLCGY.

VOWELS.

21. The vowels are related to one another in different ways, the most important of which are *mutation* (umlaut), *fracture* (brechung), and *gradation* (ablaut).

Mutation.

22. The following changes are i-mutations (caused by an older *i* or *j* following, which has generally been dropped)[1]:

a (ǫ) .. ę :— *mann* (man *acc.*), *męnn* (men); *hǫnd* (hand), *hęndr* (hands).

ā .. æ :— *māl* (speech), *mæla* (speak).

---

[1] Many of the *i*'s which appear in derivative and inflectional syllables are late weakenings of *a* and other vowels, as in *bani* (death) = Old-English *bana*; these do not cause mutation.

e (ja, jǫ) . . i :—*verðr* (worth), *virða* (estimate).

u (o). . y :—*fullr* (full), *fylla* (to fill); *lopt* (air), *lypta* (lift).

ū . . ȳ :—*brūn* (eyebrow), pl. *brȳnn.*

o . . ö :—*koma* (to come), *kömr* (comes).

ö . . œ :—*fōr* (went), *fœra* (bring).

au . . ey :—*lauss* (loose), *leysa* (loosen).

jū (jō) . . ȳ :—*sjūkr* (sick), *sȳki* (sickness); *ljōsta* (strike), *lȳstr* (strikes).

23. The change of *a* into *ę* is sometimes the result of a following *k, g,* or *ng,* as in *dęgi* dat. sg. of *dagr* (day), *tękinn* (taken), *gęnginn* (gone), inf. *taka, ganga. i* appears instead of *e,* and *u* instead of *o* before a nasal followed by another cons. : cp. *binda* (to bind), *bundinn* (bound) with *bresta* (burst) ptc. prt. *brostinn.*

24. There is also a u-mutation, caused by a following *u,* which has often been dropped :

a . . ǫ :—*dagr* (day) dat. pl. *dǫgum ; land* (land) pl. *lǫnd.*

25. Unaccented *ǫ* becomes *u,* as in *sumur* pl. of *sumar* (summer), *kǫlluðu* (they called), infin. *kalla.*

Fracture.

26. The only vowel that is affected by fracture is *e* : when followed by original *a* it becomes *ja,* when followed by original *u* it becomes *jǫ,* as in *jarðar* gen. of *jǫrð* (earth)[1]. When followed by original *i,* the *e* is, of course, mutated to *i,* as in *skildir* plur. nom. of *skjǫldr* (shield), gen. *skjaldar.*

Gradation.

27. By gradation the vowels are related as follows :—

a . . ö :—*fara* (go) pret. *fōr,* whence by mut. *fœra* (bring).

---

[1] Cp. German *erde.*

e (i, ja) .. a .. u (o):—*bresta* (burst), prt. *brast*, prt. pl. *brustu*, ptc. prt. *brostinn* ; *finna* (find), *fundinn* (found *ptc.*), *fundr* (meeting).

e .. a .. ā .. o :—*stela* (steal), prt. *stal*, prt. pl. *stālu*, ptc. prt. *stolinn*.

e .. a .. ā .. e :—*gefa* (give), *gaf* (he gave), *gāfu* (they gave), *gefinn* (given), *gjof* (gift), *u*-fracture of *gef-*, *gœfa* (luck) mut. of *gāf-*.

ī .. ei .. i :—*skīna* (shine), *skein* (he shone), *skinu* (they shone). *sōl-skin* (sunshine).

jū (jō) .. au .. u .. o :—*ljūga* (tell a lie), prt. *laug*, prt. pl. *lugu*, ptc. prt. *loginn*. *lygi* (lie *sbst.*) mut. of *lug-*. *skjōta* (shoot), *skjōtr* (swift), *skotinn* (shot *ptc.*), *skot* (shot *subst.*).

Other changes.

28. All final vowels are long in accented syllables : *þā* (then), *nū* (now).

29. Inflectional and derivative vowels are often dropt after long accented vowels : cp. *ganga* (to go) with *fā* (to get), the dat. plurals *knjām* (knees), *hūsum* (houses).

30. Vowels are often lengthened before *l* + cons. : *hālfr* (half *adj.*), *fōlk* (people) ; cp. *fōlginn* (hidden), with *brostinn* . (burst *ptc.*).

CONSONANTS.

31. *v* is dropped before *o* and *u* : *vaxa* (to grow), prt. *ōx*, *vinna* (to win), *unninn* (won *ptc.*), *svelta* (to starve), *soltinn* (starved, hungry).

Final *r* is often assimilated to a preceding cons.

32. **-lr*, **-nr*, **-sr* always become -*ll*, -*nn*, -*ss* after a long vowel or diphthong, as in *stōll* (chair *nom.*), acc. *stōl*, *steinn* (stone *nom.*), acc. *stein*, *viss* (wise *masc. nom. sg.*), *vīs* fem. nom.

sg., and in unacc. syllables, as in the masc. sg. nominatives *mikill* (great), fem. *mikil*, *borinn* (carried), fem. *borin*, *ȳmiss* (various) fem. *ȳmis*.

33. Words in which *l, n, r, s* are preceded by a cons. drop the *r* entirely, as in the masc. nominatives *jarl* (earl), *hrafn* (raven), *vitr* (wise), *þurs* (giant), *lax* (salmon).

34. If *l* and *n* are preceded by a short accented vowel, the *r* is generally kept, as in *stelr* (steals), *vinr* (friend), *sr* becoming *ss*, as elsewhere.

35. *r* is kept after *ll*, and generally after *nn*, as in the masc. nom. *allr* (all), and in *brennr* (burns).

36. *z* often stands for *ðs* as well as *ts*, as in *þēr þykkizk* (ye seem)=*þykkið-sk*, *Vest-firzkr* (belonging to the West Firths) =-*firðskr* (*fjǫrðr*, firth).

37. Inflectional *t* is generally doubled after a long accented vowel: *fār* (few) neut. *fātt* (cp. *allr* 'all,' neut. *allt*), *sā* (I saw), *sātt* 'thou sawest.'

INFLECTIONS.

NOUNS.

38. Gender. There are three genders in Icelandic—masculine, feminine, and neuter. The gender is partly natural, partly grammatical, generally agreeing with the gender in Old English. Compound words follow the gender of their last element.

39. Strong and Weak. All weak nouns end in a vowel in the nom. sg. and in most of the other cases as well. Most strong nouns end in a cons. in the nom. sg.

40. Cases. There are four cases—nominative, accusative, dative, genitive. All nouns (except a few contractions) have the gen. pl. in -*a* (*fiska*, of fishes), and the dat. pl. in -*um* (*fiskum*). All strong masculines (*fiskr*) and some strong feminines (*brúðr*, bride) take *r*[1] in the nom. sg. Most strong feminines show the bare root in the nom. sg. with *u*-mutation, if possible (*ást*, favour, *fǫr*, journey). The nom. pl. of all strong masc. and fem. nouns ends in *r* (*fiskar, ástir*). The acc. pl. of fem. nouns is the same as the nom. pl. (*ástir*). The acc. pl. of masc. strong nouns always ends in a vowel (*fiska*). The plur. nom. and acc. of neuters is the same as the sing. nom. and acc., except that in the plur. nom. and acc. they take *u*-mutation, if possible (*hús*, houses, *lǫnd*, lands).

41. The declensions are most conveniently distinguished by the acc. plur.

Strong Masculines.

(1) a-plurals.

SINGULAR.	PLURAL.
Nom. fisk-r (*fish*)	fisk-ar
Acc. fisk	fisk-a
Dat. fisk-i	fisk-um
Gen. fisk-s	fisk-a

42. So also *heimr* (home, world); *konungr* (king); *Þórr* (Thor), acc. *Þór*, gen. *Þórs*; *steinn* (stone), acc. *stein*, gen. *steins*, pl. nom. *steinar*; *hrafn* (raven), acc. *hrafn*, pl. nom. *hrafnar*; *þurs* (giant), acc. gen. *þurs*, pl. nom. *þursar*.

43. Dissyllables in *-r, -l, -n* generally throw out the preceding vowel before a vowel-inflection: *hamarr* (hammer), dat. *hamri*; *jǫtunn* (giant), pl. nom. *jǫtnar*. *ketill* (kettle) and *lykill* (key) show unmutated vowels in the contracted forms, as in the acc. plur. *katla, lukla*.

44. Some nouns of this decl. take *-ar* in the gen. sing., especially proper names, such as *Hákon*, gen. *Hákonar*.

---

[1] Subject, of course, to the assimilations described above.

45. Some nouns add *v* before vowels: *sær* (sea), gen. *sævar*.

46. The dat. sometimes drops the *i*: *sæ* (sea), *þŏr*. *dagr* (day) mutates its vowel in the dat. *dęgi*.

47. Nouns in *-ir* keep the *i* in the sing., and drop it in the plur. :

	SINGULAR.	PLURAL.
Nom.	hęlli-r (*cave*)	hęll-ar
Acc.	hęlli	hęll-a
Dat.	hęlli	hęll-um
Gen.	hęlli-s	hęll-a

48. So also a number of proper names, such as *Skrȳmir*, *þŏrir*.

(2) i-plurals.

	SINGULAR.	PLURAL.
Nom.	stað-r (*place*)	stað-ir
Acc.	stað	stað-i
Dat.	stað	stǫð-um
Gen.	stað-ar	stað-a

49. So also *gripr* (precious thing), *salr* (hall).

50. *gęstr* (guest) takes -*i* in the dat. sg., and -*s* in the gen. sg.

51. Those ending in *g* or *k* (together with some others) insert *j* before *a* and *u*: *bękkr* (bench), *bękk, bękk, bękkjar*; *bękkir, bękki, bękkjum, bękkja.* So also *męrgr* (marrow), *stręngr* (string).

(3) u-plurals.

	SINGULAR.	PLURAL.
Nom.	skjǫld-r (*shield*)	skild-ir
Acc.	skjǫld	skjǫld-u
Dat.	skild-i	skjǫld-um
Gen.	skjald-ar	skjald-a

52. So also *vǫndr* (twig), *vǫllr* (plain), *viðr* (wood). *áss* (god) has plur. nom. *œsir*, acc. *ǽsu*. *sonr* (son) has dat. sg. *syni*, plur. nom. *synir*. It regularly drops its *r* of the nom. in such compounds as *Tryggva-son* (son of Tryggvi).

(4) r-plurals.

	SINGULAR.	PLURAL.
Nom.	fōt-r (*foot*)	fœt-r
Acc.	fōt	fœt-r
Dat.	fœt-i	fōt-um
Gen.	fōt-ar	fōt-a

53. So also *fingr* (finger), gen. *fingrar*, pl. *fingr*; *vetr* (winter), pl. *vetr*. *maðr* (man) is irregular: *maðr, mann, manni, manns*; *menn, menn, mǫnnum, manna.*

	SINGULAR.	PLURAL.
Nom.	faðir (*father*)	feðr
Acc.	fǫður	feðr
Dat.	fǫður	feðrum
Gen.	fǫður	feðra

54. So also *brōðir* (brother), pl. *brœðr*.

55. Pres. participles used as nouns follow this decl. in the pl., following the weak class in the sg.:

	SINGULAR.	PLURAL.
Nom.	bōndi (*yeoman*)	bœndr
Acc.	bōnda	bœndr
Dat.	bōnda	bōndum
Gen.	bōnda	bōnda

56. So also *frǽndi* (kinsman), pl. *frǽndr*.

Strong Neuters.

	SINGULAR.	PLURAL.
Nom.	skip (*ship*)	skip
Acc.	skip	skip
Dat.	skip-i	skip-um
Gen.	skip-s	skip-a

57. So also *orð* (word), *land* (land) pl. *lǫnd, sumar* (summer) pl. *sumur* (§ 25).

58. *mẹn* (necklace), *kyn* (race), *grey* (dog) insert *j* before *a* and *u*: *greyjum*. *hǫgg* (stroke) inserts *v* before a vowel: *hǫggvi*. *knē* (knee), *knē, knē, knēs*; *knē, knē, kjām, knjā*. So also *trē* (tree).

59. *fē* (money) is contracted: gen. *fjār*, dat. *fē*.

	SINGULAR.	PLURAL.
Nom.	kvæði (*poem*)	kvæði
Acc.	kvæði	kvæði
Dat.	kvæði	kvæðum
Gen.	kvæði-s	kvæða

60. So also *klæði* (cloth). Those in *k* insert *j* before *a* and *u*: *mẹrki* (mark), *mẹrkjum, mẹrkja*. So also *rīki* (sovereignty).

Strong Femininos.

(1) ar-plurals.

	SINGULAR.	PLURAL.
Nom.	gjǫf (*gift*)	gjaf-ar
Acc.	gjǫf	gjaf-ar
Dat.	gjǫf	gjǫf-um
Gen.	gjaf-ar	gjaf-a

61. So also *mǫn* (mane), *gjǫrð* (girdle), *ār* (oar).

62. *ā* (river) contracts: *ā, ā, ā, ār*; *ār, ār, ām, ā*.

63. Many take -*u* in the dat. sg.: *kɛrling* (old woman), *kɛrling, kɛrlingu, kɛrlingar*; *kɛrlingar, kɛrlingar, kerlingum, kɛrlinga.* So also *laug* (bath).

64. Those with a mutated root-vowel (or *i*) insert *j* in inflection : *ey* (island), *ey, eyju, eyjar*; *eyjar, eyjar, eyjum, eyja.* So also *Frigg, Hɛl. mær* (maid), *mey, meyju, meyjar*; *meyjar, meyjar, meyjum, meyja.*

65.

	SINGULAR.	PLURAL.
Nom.	heið-r (*heath*)	heið-ar
Acc.	heið-i	heið-ar
Dat.	heið-i	heið-um
Gen.	heið-ar	heið-a

(2) ir-plurals.

	SINGULAR.	PLURAL.
Nom.	tíð	tíð-ir
Acc.	tíð	tíð-ir
Dat.	tíð	tíð-um
Gen.	tíð-ar	tíð-a

66. So also *sorg* (sorrow), *skipun* (arrangement), *hɵfn* (harbour) pl. *hafnir*, and the majority of strong feminines.

67. Many have -*u* in the dat. sg.: *sól* (sun), *sól, sólu, sólar* ; *sólir, sólir, sólum, sóla.* So also *jɵrð* (earth), *stund* (period of time).

68. One noun has *r* in the nom. sg., following *heiðr* in the sg.: *brúðr* (bride), *brúði, brúði, brúðar* ; *brúðir, brúðir, brúðum, brúða.*

(3) r-plurals.

	SINGULAR.	PLURAL.
Nom.	bók (*book*)	bœk-r
Acc.	bók	bœk-r
Dat.	bók	bók-um
Gen.	bók-ar	bók-a

69. So also *nátt* (night) pl. *nætr*, *bót* (compensation) pl. *bætr*, *tǫnn* (tooth) gen. *tannar* pl. *tẹnnr*.

70. *hǫnd* (hand) pl. *hẹndr* has dat. sg. *hẹndi*.

71. *kȳr* (cow) has acc. *kū*, pl. *kȳr*.

72. *brūn* (eyebrow) assimilates the *r* of the pl.: *brȳnn*.

	SINGULAR.	PLURAL.
Nom.	mōðir (*mother*)	mœðr
Acc.	mōður	mœðr
Dat.	mōður	mœðrum
Gen.	mōður	mœðra

73. So also *dóttir* (daughter) pl. *dœtr*; *systir* (sister) pl. *systr*.

Weak Masculines.

	SINGULAR.	PLURAL.
Nom.	bog-i (*bow*)	bog-ar
Acc.	bog-a	bog-a
Dat.	bog-a	bog-um
Gen.	bog-a	bog-a

74. So also *māni* (moon), *fẹlagi* (companion).

75. *hǫfðingi* (chief) and some others insert *j* in inflection: *hǫfðingja*, *hǫfðingjar*, *hǫfðingjum*.

76. *lē* (scythe) is contracted; its gen. sg. is *ljá*.

77. *oxi* (ox) has pl. *œxn*.

78. *herra* (lord) is indeclinable in the sg.

Weak Neuters.

	SINGULAR.	PLURAL.
Nom.	hjart-a (*heart*)	hjǫrt-u
Acc.	hjart-a	hjǫrt-u
Dat.	hjart-a	hjǫrt-um
Gen.	hjart-a	hjart-na

79. So also *auga* (eye).

Weak Feminines.

	SINGULAR.	PLURAL.
Nom.	tung-a (*tongue*)	tung-ur
Acc.	tung-u	tung-ur
Dat.	tung-u	tung-um
Gen.	tung-u	tung-na

80. So also *stjarna* (star) pl. *stjǫrnur*, *kirkja* (church), gen. plurals *stjarna*, *kirkna*.

Sg. Nom.	ęlli (*old age*)	
Acc.	ęlli	
Dat.	ęlli	
Gen.	ęlli	

81. So also *glęði* (joy) and many abstract nouns.

82. *lygi* (falsehood) has pl. *lygar*; so also *görsimi* (precious thing).

ADJECTIVES.

83. Adjectives have three genders, and the same cases as nouns, though with partly different endings, together with strong and weak forms.

Strong Adjectives.

	MASC.	NEUT.	FEM.
Sg. Nom.	ung-r (*young*)	ung-t	ung
Acc.	ung-an	ung-t	ung-a
Dat.	ung-um	ung-u	ung-ri
Gen.	ung-s	ung-s	ung-rar
Pl. Nom.	ung-ir	ung	ung-ar
Acc.	ung-a	ung	ung-ar
Dat.		ung-um	
Gen.		ung-ra	

84. So also *fagr* (fair), fem. *fǫgr*, neut. *fagrt.*

85. Some insert *j* before *a* and *u* : *nȳr* (new), *nȳjum, nȳjan.*

86. Some insert *v* before a vowel : *hār* (high), *hāvan, dökkr* (dark), *dökkvir, kykr* (alive), *kykvir.*

87. The *t* of the neut. is doubled after a long vowel : *nȳtt, hātt.* Monosyllables in *ð, dd, tt* form their neut. in *-tt* : *breiðr* (broad), *breitt; leiddr* (led), *leitt. góðr* (good) has neut. *gott. sannr* (true) has neut. *satt.* In unaccented syllables or if a cons. precedes, *tt* is shortened to *t* : *kallaðr* (called), *kallat; blindr* (blind), *blint, harðr* (hard), *hart, fastr* (firm), *fast.*

88. *l* and *n* assimilate a following *r* : *gamall* (old), fem. *gǫmul*, fem. acc. *gamla*, dat. *gamalli. vænn* (beautiful), gen. pl. *vænna.*

		MASC.	NEUT.	FEM.
Sg.	*Nom.*	mikill (*great*)	mikit	mikil
	Acc.	mikinn	mikit	mikla
	Dat.	miklum	miklu	mikilli
	Gen.	mikils	mikils	mikillar
Pl.	*Nom.*	miklir	mikil	miklar
	Acc.	mikla	mikil	miklar
	Dat.		miklum	
	Gen.		mikilla	

89. So also *lítill* (little).

90. Dissyllables in *-inn* have *-it* in the neut., and *-inn* in the masc. sg. acc. : *tíginn* (distinguished), *tígit, tíginn,* pl. *tígnir.* So also *kominn* (come).

91.

		MASC.	NEUT.	FEM.
Sg.	*Nom.*	annarr (*other*)	annat	ǫnnur
	Acc.	annan	annat	aðra
	Dat.	ǫðrum	ǫðru	annarri
	Gen.	annars	annars	annarrar

	MASC.	NEUT.	FEM.
Pl. Nom.	aðrir	ǫnnur	aðrar
Acc.	aðra	ǫnnur	aðrar
Dat.		ǫðrum	
Gen.		annarra	

Weak Adjectives.

	MASC.	NEUT.	FEM.
Sg. Nom.	ung-i	ung-a	ung-a
Acc.	ung-a	ung-a	ung-u
Dat.	ung-a	ung-a	ung-u
Gen.	ung-a	ung-a	ung-u
Pl. Nom.		ung-u	
Acc.		ung-u	
Dat.		ung-u	
Gen.		ung-u	

92. So also *fagri, hāvi, mikli*, etc.

Sg. Nom.	yngri (*younger*)	yngra	yngri
Acc.	yngra	yngra	yngri
Dat.	yngra	yngra	yngri
Gen.	yngra	yngra	yngri
Pl. Nom.		yngri	
Acc.		yngri	
Dat.		yngrum	
Gen.		yngri	

93. So also all comparatives, such as *meiri* (greater), and pres. partic. when used as adjectives, such as *gefandi* (giving), dat. pl. *gefǫndum.*

Comparison.

94. (1) with *-ari, -astr* : *rīkr* (powerful), *rīkari, rīkastr* ; *gǫfugr* (distinguished), *gǫfgari, gǫfgastr.*

95. (2) with *-ri, -str* and mutation: *langr* (long), *lęngri, lęngstr*; *störr* (big), *stœrri, stœrstr*; *ungr* (young), *yngri, yngstr*.

96. The following are irregular :

gamall (*old*)	ęllri	ęlztr
gōðr (*good*)	bętri	bęztr
illr (*bad*)	vęrri	vęrstr
lītill (*little*)	minni	minstr
margr (*many*)	fleiri	flestr
mikill (*great*)	meiri	mestr

NUMERALS.

97.

	CARDINAL.	ORDINAL.
1.	einn (*one*)	fyrstr (*first*)
2.	tveir	annarr
3.	þrīr	þriði
4.	fjōrir	fjōrði
5.	fimm	fimmti
6.	sex	sētti
7.	sjau	sjaundi
8.	ātta	ātti
9.	nīu	nīundi
10.	tīu	tīundi
11.	ellifu	ellifti
12.	tōlf	tōlfti
13.	þrettān	þrettāndi
14.	fjōrtān	
15.	fimmtān	
16.	sextān	
17.	sjautān	
18.	ātjān	

c

19. nītjān
20. tuttugu
21. einn ok tuttugu, etc.
30. þrīr tigir, etc.
100. tīu tigir
110. ellifu tigir
120. hundra**ð**
1200. þūsund.

einn is declined like other adjectives :—

98.	MASC.	NEUT.	FEM.
Nom.	einn	eitt	ein
Acc.	einn	eitt	eina
Dat.	einum	einu	einni
Gen.	eins	eins	einnar

It also has a pl. *einir, einar, ein*; gen. *einna*, etc. in the sense of 'some.'

The next three show various irregularities.

99.	MASC.	NEUT.	FEM.
Nom.	tveir	tvau	tvær
Acc.	tvā	tvau	tvær
Dat.		tveim	
Gen.		tveggja	

Similarly *bāðir* (both) :

100.	MASC.	NEUT.	FEM.
Nom.	bāðir	bæði	bāðar
Acc.	bāða	bæði	bāðar
Dat.		bāðum	
Gen.		beggja	

101.

	MASC.	NEUT.	FEM.
Nom.	þrīr	þrjū	þrjār
Acc.	þrjā	þrjū	þrjār
Dat.		þrim	
Gen.		þriggja	

102.

	MASC.	NEUT.	FEM.
Nom.	fjōrir	fjogur	fjōrar
Acc.	fjōra	fjogur	fjōrar
Dat.		fjōrum	
Gen.		fjogurra	

103. The others are indeclinable up to *þrīr tigir*, etc.; the *tigir* being declined regularly as a plural strong *u*-masculine: *tigir, tigu, tigum, tiga.*

104. *hundrað* is a strong neut.: *tvau hundruð* (240), *tveim hundruðum*, etc. It governs the gen. (as also does *þúsund*): *fimm hundruð gólfa*, 'five (six) hundred chambers.'

105. *þúsund* is a strong *ir*-feminine: *tvær þúsundir* (2400).

106. *hundrað* and *þúsund* are rarely = 100 and 1000.

107. Of the ordinals *fyrstr* and *annarr* (§ 91) are strong, the others weak adjectives. *þriði* inserts a *j*: *þriðja*, etc.

PRONOUNS.

108. **Personal.**

Sg. Nom.	ek (*I*)	þū (*thou*)	—
Acc.	mik	þik	sik (*oneself*)
Dat.	mēr	þēr	sēr
Gen.	mīn	þin	sīn
Dual Nom.	vit	it	—
Acc.	okkr	ykkr	sik
Dat.	okkr	ykkr	sēr
Gen.	okkar	ykkar	sīn

Pl. Nom.	vēr (*we*)	þēr (*ye*)	—
Acc.	oss	yðr	sik (*oneselves*)
Dat.	oss	yðr	sēr
Gen.	vār	yðar	sīn

	MASC.	NEUT.	FEM.
Sg. Nom.	hann (*he*)	þat (*it*)	hon (*she*)
Acc.	hann	þat	hana
Dat.	hanum	þvī	henni
Gen.	hans	þess	hennar
Pl. Nom.	þeir (*they*)	þau	þær
Acc.	þā	þau	þær
Dat.		þeim	
Gen.		þeira	

109. *ek* was often suffixed to its verb, especially in poetry, being sometimes added twice over: *mætta-k* (I might), *sā-k-a-k* (I saw not; *a* = 'not'). So also *þū*: *er-tu* (art thou), *skalt-u* (shalt thou) = **skalt-tu*.

Possessive.

	MASC.	NEUT.	FEM.
Sg. Nom.	minn (*my*)	mitt	mīn
Acc.	minn	mitt	mīna
Dat.	mīnum	mīnu	minni·
Gen.	mīns	mīns	minnar
Pl. Nom.	mīnir	mīn	mīnar
Acc.	mīna	mīn	mīnar
Dat.		mīnum	
Gen.		minna	

110. So also *þinn* (thy), *sinn* (his, etc., reflexive).

111. *vārr, vārt, vār* (our) is regular: acc. masc. *vārn*, masc. plur. *vārir, vāra, vārum, vārra*, etc.

		MASC.	NEUT.	FEM.
Sg.	Nom.	yðarr (*your*)	yðart	yður
	Acc.	yðarn	yðart	yðra
	Dat.	yðrum	yðru	yðarri
	Gen.	yðars	yðars	yðarrar
Pl.	Nom.	yðrir	yður	yðrar
	Acc.	yðra	yður	yðrar
	Dat.		yðrum	
	Gen.		yðarra	

112. So also *okkarr* (our two) and *ykkarr* (your two).

113. *hans* (his), *þess* (its), *hennar* (her), and *þeira* (their) are indeclinable.

Demonstrative.

114.

		MASC.	NEUT.	FEM.
Sg.	Nom.	sā (*that*)	þat	sū
	Acc.	þann	þat	þā
	Dat.	þeim	þvī	þeiri
	Gen.	þess	þess	þeirar
Pl.	Nom.	þeir	þau	þær
	Acc.	þā	þau	þær
	Dat.		þeim	
	Gen.		þeira	

115. *hinn, hitt, hin* (that) is inflected like *minn* (except that its vowel is short throughout): acc. masc. *hinn,* plur. masc. *hinir, hina, hinum, hinna.*

116.

		MASC.	NEUT.	FEM.
Sg.	Nom.	þessi (*this*)	þetta	þessi
	Acc.	þenna	þetta	þessa
	Dat.	þessum	þessu	þessi
	Gen.	þessa	þessa	þessar

	MASC.	NEUT.	FEM.
Pl. Nom.	þessir	þessi	þessar
Acc.	þessa	þessi	þessar
Dat.		þessum	
Gen.		þessa	

Definite.

The prefixed definite article is declined thus :

117.

	MASC.	NEUT.	FEM.
Sg. Nom.	inn	it	in
Acc.	inn	it	ina
Dat.	inum	inu	inni
Gen.	ins	ins	innar
Pl. Nom.	inir	in	inar
Acc.	ina	in	inar
Dat.		inum	
Gen.		inna	

118. When suffixed to its noun it undergoes various changes. In its monosyllabic forms it drops its vowel after a short (un-accented) vowel, as in *auga-t* (the eye), but keeps it after a long vowel, as in *ā-in* (the river), *trē-it* (the tree). The dissyllabic forms drop their initial vowel almost everywhere; not, however, after the -*ar*, -*r*, of the gen. sg., nor in *menninir* (men, *nom.*), *menn-ina* (men, *acc.*). The -*m* of the dat. pl. is dropped before the suffixed -*num*.

	MASC.	NEUT.	FEM.
Sg. Nom.	fiskr-inn	skip-it	gjǫf-in
Acc.	fisk-inn	skip-it	gjǫf-ina
Dat.	fiski-num	skipi-nu	gjǫf-inni
Gen.	fisks-ins	skips-ins	gjafar-innar

	MASC.	NEUT.	FEM.
Pl. Nom.	fiskar-nir	skip-in	gjafar-nar
Acc.	fiska-na	skip-in	gjafar-nar
Dat.	fisku-num	skipu-num	gjǫfu-num
Gen.	fiska-nna	skipa-nna	gjafa-nna
Sg. Nom.	bogi-nn	auga-t	tunga-n
Acc.	boga-nn	auga-t	tungu-na
Dat.	boga-num	auga-nu	tungu-nni
Gen.	boga-ns	auga-ns	tungu-nnar
Pl. Nom.	bogar-nir	augu-n	tungur-na
Acc.	boga-na	augu-n	tungur-na
Dat.	bogu-num	augu-num	tungnu-num
Gen.	boga-nna	augna-nna	tungna-nna

Relative.

119. The ordinary relative pron. is the indeclinable *er*, often preceded by *sá* : *sá er*=he who, who, *sú er* who fem.

Interrogative.

120. The neut. *hvat* has gen. *hvess*, dat. *hví,* which last is chiefly used as an adverb='why.'

121.

	MASC.	NEUT.	FEM.
Sg. Nom.	hvárr (*which of two*)	hvárt	hvár
Acc.	hvárn	hvárt	hvára
Dat.	hvárum	hváru	hvárri
Gen.	hvárs	hvárs	hvárrar
Pl. Nom.	hvárir	hvár	hvárar
Acc.	hvára	hvár	hvárar
Dat.		hvárum	
Gen.		hvárra	

122.

	MASC.	NEUT.	FEM.
Sg. Nom.	hverr (*which, who*)	hvert	hver
Acc.	hvern	hvert	hverja
Dat.	hverjum	hverju	hverri
Gen.	hvers	hvers	hverrar
Pl. Nom.	hverir	hver	hverjar
Acc.	hverja	hver	hverjar
Dat.		hverjum	
Gen.		hverra	

Indefinite.

123. *einn-hverr, eitthvert, einhver* (some one) keeps an invariable *ein-* in the other cases, the second element being inflected as above.

124. *sumr* (some) is declined like an ordinary adjective.

125.

	MASC.	NEUT.	FEM.
Sg. Nom.	nakkvarr (*some*)	nakkvat	nǫkkur
Acc.	nakkvarn	nakkvat	nakkvara
Dat.	nǫkkurum	nǫkkuru	nakkvarri
Gen.	nakkvars	nakkvars	nakkvarrar
Pl. Nom.	nakkvarir	nǫkkur	nakkvarar
Acc.	nakkvara	nǫkkur	nakkvarar
Dat.		nǫkkurum	
Gen.		nakkvarra	

126.

	MASC.	NEUT.	FEM.
Sg. Nom.	engi (*none, no*)	ekki	engi
Acc.	engan	ekki	enga
Dat.	engum	engu	engri
Gen.	engis	engis	engrar

	MASC.	NEUT.	FEM.
Pl. Nom.	engir	engi	engar
Acc.	enga	engi	engar
Dat.		engum	
Gen.		engra	

127. In *hvār-tvęggja* (each of the two, both) the first element is declined as above, the second is left unchanged.

VERBS.

128. There are two classes of verbs, *strong* and *weak.* Strong verbs are conjugated partly by means of gradation, weak verbs by adding *ð* (*d*, *t*).

129. The *ð* of the 2 pl. is dropt before *þit* (ye two) and *þēr* (ye): *gefi þēr, gāfu þit.*

130. There is a middle voice, which ends in -*mk* in the 1 pers. sg. and pl., the rest of the verb being formed by adding *sk* to the active endings, *r* being dropt, the resulting *ts, ðs* being written *s* (§ 36): *kvezk* (active *kveðr* 'says'), *þu fekkzk* (*fekkt* 'gottest').

131. The following is the conjugation of the strong verb *gefa* (give), which will show those endings which are common to all verbs:

ACTIVE.

		INDICATIVE.	SUBJUNCTIVE.
Present sg.	1.	gef	gef-a
	2.	gef-r	gef-ir
	3.	gef-r	gef-i
pl.	1.	gef-um	gef-im
	2.	gef-ið	gef-ið
	3.	gef-a	gef-i

	INDICATIVE.	SUBJUNCTIVE.
Preterite sg. 1.	gaf	gæf-a
2.	gaf-t	gæf-ir
3.	gaf	gæf-i
pl. 1.	gāf-um	gæf-im
2.	gāf-uð	gæf-ið
3.	gāf-u	gæf-i

Imperative sg. 2 gef; *pl.* 1 gef-um, 2 gef-ið.
Participle pres. gefandi; *pret.* gef-inn.
Infin. gefa.

MIDDLE.

	INDICATIVE.	SUBJUNCTIVE.
Pres. sg. 1.	gef-umk	gef-umk
2.	gef-sk	gef-isk
3.	gef-sk	gef-isk
pl. 1.	gef-umk	gef-imk
2.	gef-izk	gef-izk
3.	gef-ask	gef-isk
Pret. sg. 1.	gāf-umk	gæf-umk
2.	gaf-sk	gæf-isk
3.	gaf-sk	gæf-isk
pl. 1.	gāf-umk	gæf-imk
2.	gāf-uzk	gæf-izk
3.	gaf-usk	gæf-isk

Impers. sg. 2 gef-sk; *pl.* 1 gef-umk, 2 gef-izk.
Partic. pres. gef-andisk; *pret.* gef-izk *neut.*
Infin. gef-ask.

Strong Verbs.

132. In the strong verbs the plur. of the pret. indic. gene-
rally has a different vowel from that of the sing. The 1 sg.
pret. of the middle voice always has the vowel of the pl. pret. :

gāfumk. The pret. subj. has the vowel of the pret. indic. plur. mutated : *skaut* (he shot), *skutu* (they shot), *skyti* (he might shoot). But there is no mutation in verbs of the first conj.: *hljōpi,* inf. *hlaupa* (leap).

133. The pres. indic. sing. mutates the root-vowel in all three persons *ek skȳt, þū skȳtr, hann skȳtr,* infin. *skjōta* (shoot). *e* however is not mutated: *ek gef, þū gefr.* The inflectional *r* is liable to the same modifications as the *r* of nouns (§ 32): *skīnn, vex,* infin. *skīna* (shine), *vaxa* (grow).

134. Verbs in *ld* change the *d* into *t* in the 1, 3 sg. pret. indic. and in the imper. sg.: *helt* (held), *halt* (hold!), infin. *halda.* *nd* becomes *tt,* and *ng* becomes *kk* under the same conditions: *binda* (bind), *ganga* (go), pret. *batt, gekk,* imper. *bitt, gakk.*

135. The *t* of the 2 sg. pret. indic. is doubled after a long accented vowel: *þū sātt* (thou sawest). If the 1 sg. pret. indic. ends in *t* or *ð,* the 2 sg. ends in *zt*: *lēt* (I let), *þū lēzt, bauð* (I offered) *þū bauzt.*

136. There are seven conjugations of strong verbs, distinguished mainly by the characteristic vowels of their preterites.

137. I. 'Fall'-conjugation.

INFIN.	THIRD PRES.	PRT. SING.	PRT. PL.	PTC. PRT.
falla (*fall*)	fęllr	fell	fellu	fallinn
lāta (*let*)	lætr	lēt	lētu	lātinn
rāða (*advise*)	ræðr	rēð	rēðu	rāðinn
heita (*call*)	heitr	hēt	hētu	heitinn
halda (*hold*)	hęldr	helt	heldu	haldinn
ganga (*go*)	gęngr	gekk	gengu	gęnginn
fā (*get*)	fær	fekk	fengu	fęnginn
auka (*increase*)	eykr	jōk	jōku	aukinn
būa (*dwell*)	bȳr	bjō	bjoggu	būinn

INFIN.	THIRD PRES.	PRT. SING.	PRT. PL.	PTC. PRT.
hǫggva (*hew*)	hǫggr	hjō	hjoggu	hǫggvinn
hlaupa (*leap*)	hleypr	hljōp	hljōpu	hlaupinn

138. The following have weak preterites in *r*:

grōa (*grow*)	grœr	grōri	grōru	grōinn
rōa (*row*)	rœr	rōri	rōru	rōinn
snūa (*twist*)	snȳr	snōri	snōru	snūinn

139. *heita* in the passive sense of 'to be named, called' has a weak present: *ek heiti, þū heitir.*

140. II. '**Shake**'-conjugation.

fara (*go*)	fęrr	fōr	fōru	farinn
grafa (*dig*)	gręfr	grōf	grōfu	grafinn
hlaða (*load*)	hlęðr	hlōð	hlōðu	hlaðinn
vaxa (*grow*)	vęx	ōx	ōxu	vaxinn
standa (*stand*)	stęndr	stōð	stōðu	staðinn
aka (*drive*)	ękr	ōk	ōku	ękinn
taka (*take*)	tękr	tōk	tōku	tękinn
draga (*draw*)	dręgr	drō	drōgu	dręginn
flā (*flay*)	flær	flō	flōgu	flęginn
slā (*strike*)	slær	slō	slōgu	slęginn

141. The following have weak presents:

hęfja (*lift*)	hęfr	hōf	hōfu	hafinn
deyja (*die*)	deyr	dō	dō	dāinn
hlæja (*laugh*)	hlær	hlō	hlōgu	hlęginn

142. III. '**Bind**'-conjugation.

bresta (*burst*)	brestr	brast	brustu	brostinn
hverfa (*turn*)	hverfr	hvarf	hurfu	horfinn

INFIN.	THIRD PRES.	PRT. SING.	PRT. PL.	PTC. PRT.
svelga (*swallow*)	svelgr	svalg	sulgu	sölginn
verða (*become*)	verðr	varð	urðu	orðinn
skjálfa (*shake*)	skelfr	skalf	skulfu	skolfinn
drekka (*drink*)	drekkr	drakk	drukku	drukkinn
finna (*find*)	finnr	fann	fundu	fundinn
vinna (*win*)	vinnr	vann	unnu	unninn
binda (*bind*)	bindr	batt	bundu	bundinn
springa (*spring*)	springr	sprakk	sprungu	sprunginn
stinga (*pierce*)	stingr	stakk	stungu	stunginn
bregða (*pull*)	bregðr	brā	brugðu	brugðinn
sökkva (*sink*)	sökkr	sǫkk	sukku	sokkinn
stökkva (*spring*)	stökkr	stǫkk	stukku	stokkinn

143. The following have weak presents (which makes however no difference in their conjugation):

brenna (*burn*)	þrennr	brann	brunnu	brunninn
renna (*run*)	rennr	rann	runnu	runninn

144. IV. ‘Bear’-conjugation.

bera (*carry*)	berr	bar	bāru	borinn
nema (*take*)	nemr	nam	nāmu	numinn
fela (*hide*)	felr	fal	fālu	fólginn
koma (*come*)	kömr	kom	kvāmu	kominn
sofa (*sleep*)	söfr	svaf	svāfu	sofinn

145. V. ‘Give’-conjugation.

drepa (*kill*)	drepr	drap	drāpu	drepinn
gefa (*give*)	gefr	gaf	gāfu	gefinn
kveða (*say*)	kveðr	kvað	kvāðu	kveðinn
meta (*estimate*)	metr	mat	mātu	metinn
reka (*drive*)	rekr	rak	rāku	rekinn

INFIN.	THIRD PRES.	PRT. SING.	PRT. PL.	PTC. PRET.
eta (*eat*)	etr	āt	ātu	etinn
sjā (*see*)	sēr[1]	sā	sā[2]	sēnn

146. The following have weak presents :—

biðja (*ask*)	biðr	bað	bāðu	beðinn
sitja (*sit*)	sitr	sat	sātu	setinn
liggja (*lie*)	liggr	lā	lāgum	leginn
þiggja (*receive*)	þiggr	þā	þāgu	þeginn

147.   VI. ' Shine '-conjugation.

bīta (*bite*)	bītr	beit	bitu	bitinn
drīfa (*drive*)	drīfr	dreif	drifu	drifinn
grīpa (*grasp*)	grīpr	greip	gripu	gripinn
līða (*go*)	līðr	leið	liðu	liðinn
līta (*look*)	lītr	leit	litu	litinn
rīða (*ride*)	rīðr	reið	riðu	riðinn
sīga (*sink*)	sīgr	seig	sigu	siginn
slīta (*tear*)	slītr	sleit	slitu	slitinn
stīga (*advance*)	stīgr	steig	stigu	stiginn
bīða (*wait*)	bīðr	beið	biðu	beiðinn

148. The following has a weak present :

vīkja (*move*)	vīkr	veik	viku	vikinn

149.   VII. ' Choose '-conjugation.

bjōða (*offer*)	bȳðr	bauð	buðu	boðinn
brjōta (*break*)	brȳtr	braut	brutu	brotinn
fljōta (*float*)	flȳtr	flaut	flutu	flotinn
hljōta (*receive*)	hlȳtr	hlaut	hlutu	hlotinn
kjōsa (*choose*)	kȳss	kaus	kusum	kosinn
njōta (*enjoy*)	nȳtr	naut	nutu	notinn
skjōta (*shoot*)	skȳtr	skaut	skutu	skotinn

---

[1] sē, sēr, sēr ; sjām, sēð, sjā. Subj. sē, sēr, sē ; sēm, sēð, sē.
[2] sām, sāið, sā.

INFIN.	THIRD PRES.	PRT. SING.	PRT. PL.	PTC. PRET.
drjūpa (*drop*)	drȳpr	draup	drupu	dropinn
ljūga (*tell lies*)	lȳgr	laug	lugu	loginn
lūka (*close*)	lȳkr	lauk	luku	lokinn
lūta (*bend*)	lȳtr	laut	lutu	lotinn
fljūga (*fly*)	flȳgr	flō	flugu	floginn

Weak Verbs.

150. There are three conjugations of weak verbs. All those of the first conjugation have mutated vowels in the pres., and form their pret. with ð (*d, t*): *heyra* (hear), *heyrða*. Those of the second form their pret. in the same way, but have unmutated vowels in the pres.: *hafa* (have) *hafða*. Those of the third form their pret. in -*aða*: *kalla* (call), *kallaða*.

I. ‘Hear’-conjugation.

ACTIVE.

151.		INDICATIVE.	SUBJUNCTIVE.
Pres. sg.	1.	heyr-i	heyr-a
	2.	heyr-ir	heyr-ir
	3.	heyr-ir	heyr-i
pl.	1.	heyr-um	heyr-im
	2.	heyr-ið	heyr-ið
	3.	heyr-a	heyr-i
Pret. sg.	1.	heyr-ða	heyr-ða
	2.	heyr-ðir	heyr-ðir
	3.	heyr-ði	heyr-ði
pl.	1.	heyr-ðum	heyr-ðim
	2.	heyr-ðuð	heyr-ðið
	3.	heyr-ðu	heyr-ði

Imper. sg. 1. heyr; *pl.* 1. heyr-um, 2. heyr-ið.
Partic. pres. heyr-andi; *pret.* heyr-ðr.
Infin. heyr-a.

MIDDLE.

INDICATIVE.	SUBJUNCTIVE.
Pres. sg. 1. heyr-umk	heyr-umk
2. heyr-isk	heyr-isk
3. heyr-isk	heyr-isk
pl. 1. heyr-umk	heyr-imk
2. heyr-izk	heyr-izk
3. heyr-ask	heyr-isk
Pret. sg. 1. heyr-ðumk	heyr-ðumk
2. heyr-ðisk	heyr-ðisk
3. heyr-ðisk	heyr-ðisk
pl. 1. heyr-ðumk	heyr-ðimk
2. heyr-ðuzk	heyr-ðizk
3. heyr-ðusk	heyr-ðisk

Imper. sg. 2. heyr-sk; *pl.* 1. heyr-umk, 2. heyr-izk.
Partic. pres. heyr-andisk; *pret.* heyr-zk *neut.*
Infin. heyr-ask.

A. *Without vowel-change.*

152. The inflectional *ð* becomes *d* after long syllables ending in *l* or *n*: *sigla* (sail), *siglda*; *nefna* (name), *nefnda, nefndr.*

153. -*ðð* becomes *dd*: *leiða* (lead), *leidda.*

154. *ð* after *s* and *t* becomes *t*: *reisa* (raise), *reista*; *mœta* (meet), *mœtta.* Also in a few verbs in *l, n*: *mæla* (speak), *mælta*; *spenna* (buckle), *spenta.*

155. After *nd* and *pt* it is dropped: *senda* (send), *senda, sendr*; *lypta* (lift), *lypta.*

156. It is preserved in such verbs as the following: *dœma* (judge), *dœmða*; *fœra* (lead), *fœrða*; *herða* (harden), *herða*; *hleypa* (gallop), *hleypða.*

B. *With vowel-change.*

157. All these verbs have *j* preceded by a short syllable (telja), or a long vowel without any cons. after it (dȳja), or *gg* (lęggja); the *j* being kept before *a* and *u*, as in the pres. ind. of *spyrja* (ask): *spyr, spyrr, spyrr; spyrjum, spyrið, spyrja,* pres. subj. 1 sg. *ek spyrja*; they unmutate their vowel in the pret. and ptc. pret. (spurða, spurðr), the mutation being restored in the pret. subj. *spyrða, spyrðir,* etc. The ptc. pret. often has an *i* before the *ð.*

bęrja (*strike*)	barða	barðr
lęggja (*lay*)	lagða	lag(i)ðr
tęlja (*tell*)	talða	tal(i)ðr
vękja (*wake*)	vakða	vakðr
flytja (*remove*)	flutta	fluttr
dȳja (*shake*)	dūða	dūðr

158. The following keep the mutated vowel throughout :

sęlja (*sell*)	sęlda	sęldr
sętja (*set*)	sętta	sęttr.

C.

159. The following are irregular :

sœkja (*seek*)	sōtta	sōttr
þykkja (*seem*)	þōtta	þōttr.
Subj. pret. *sǿtta, þǿtta.*		

160. The following has an adj. for its partic. pret. :

göra (*make*)	görða	görr.

II. 'Have'-conjugation.

161. The few verbs of this class are conjugated like those of conj. I, except that some of them have imperatives in *-i*: *vaki, þęgi, uni. lifa, sęgja* have imper. *lif, sęg.* They mutate the vowel of the pret. subj. (ynða). Their partic. pret. generally occurs only in the neut.; sometimes the *a* is dropped.

D

lifa (*live*)	lifi	lifða	lifat
una (*be contented*)	uni	unða	unat
skorta (*be wanting*)	skorti	skorta	skort
þola (*endure*)	þoli	þolða	þolat
þora (*dare*)	þori	þorða	þorat
nā (*attain*)	nāi	nāða	nāðr, nāit

162. The following show mutation:

sęgja (*say*)	sęgi	sagða	sagðr
þęgja (*be silent*)	þęgi	þagða	þagat
hafa (*have*)	hęfi	hafða	hafðr
kaupa (*buy*)	kaupi	keypta	keyptr

163. The present indic. of the first three is as follows:

Sing. 1.	hęfi	sęgi	þęgi
2, 3.	hęfir	sęgir	þęgir
Plur. 1.	hǫfum	sęgjum	þęgjum
2.	hafið	sęgið	þęgið
3.	hafa	sęgja	þęgja.

164. The rest of *hafa* is regular. Pres. subj. *hafa, hafir, hafi*; *hafim, hafið, hafi.* Pret. indic. *hafða, hafðir, hafði*; *hǫfðum, hǫfðuð, hǫfðu.* Pret. subj. *hęfða, hęfðir, hęfði*; *hęfðim, hęfðið, hęfði.* Imper. *haf, hǫfum, hafið.* Ptc. *hafandi, hafðr.*

III. 'Call'-conjugation.

ACTIVE.

	INDICATIVE.	SUBJUNCTIVE.
Pres. sg. 1.	kall-a	kall-a
2.	kall-ar	kall-ir
3.	kall-ar	kall-i
pl. 1.	kǫll-um	kall-im
2.	kall-ið	kall-ið
3.	kall-a	kall-i

INDICATIVE.	SUBJUNCTIVE.
Pret. sg. 1. kall-aða	kall-aða
2. kall-aðir	kall-aðir
3. kall-aði	kall-aði
pl. 1. kǫll-uðum	kall-aðim
2. kǫll-uðuð	kall-aðið
3. kǫll-uðu	kall-aði

Imper. sing. 2. kall-a; *plur.* 1. kǫll-um, 2. kall-ið.
Partic. pres. kall-andi; *pret.* kallaðr (*neut.* kallat).
Infin. kalla.

MIDDLE.

INDICATIVE.	SUBJUNCTIVE.
Pres. sg. 1. kǫll-umk	kǫll-umk
2. kall-ask	kall-isk
3. kall-ask	kall-isk
pl. 1. kǫll-umk	kall-imk
2. kall-izk	kall-izk
3. kall-ask	kall-isk
Pret. sg. 1. kǫll-uðumk	kǫll-uðumk
2. kall-aðisk	kall-aðisk
3. kall-aðisk	kall-aðisk
pl. 1. kǫll-uðumk	kall-aðimk
2. kǫll-uðuzk	kall-aðizk
3. kǫll-uðusk	kall-aðisk

Imper. sing. 2. kall-ask; *pl.* 1. kǫll-umk, 2. kall-izk.
Partic. pres. kall-andisk; *pret.* kall-azk *neut.*
Infin. kall-ask.

165. So also *byrja* (begin), *hęrja* (make war), *vakna* (awake).

Strong-Weak Verbs.

166. These have old strong preterites for their presents, from which new weak preterites are formed.

INFIN.	PRES. SG.	PRES. PL.	PART.	PTC.
eiga (*possess*)	ā	eigu	átta	áttr
kunna (*can*)	kann	kunnu	kunna	kunnat *n.*
mega (*can*)	ma	megu	mātta	mätt *n.*
muna (*remember*)	man	munu	munða	munat *n.*
munu (*will*)	mun	munu	munða	——
skulu (*shall*)	skal	skulu	skylda	skyldr
þurfa (*need*)	þarf	þurfu	þurfta	þurft *n.*
unna (*love*)	ann	unnu	unna	unnt *n.*
vita (*know*)	veit	vitu	vissa	vitaðr.

167. Of these verbs *munu* and *skulu* have preterite infinitives: *mundu, skyldu.*

Anomalous Verbs.

168. *Vilja* (will):

Present.

	Sing.	Plur.
1.	vil	viljum
2.	vill	vilið
3.	vill	vilja

Subj. pres. vili. *Pret. ind.* vilda. *Ptc. prt.* viljat.

169. *Vera* (be):

		INDICATIVE.	SUBJUNCTIVE.
Pres. sg.	1.	em	sē
	2.	ert	sēr
	3.	er	sē
pl.	1.	erum	sēm
	2.	eruð	sēð
	3.	eru	sē

		INDICATIVE.	SUBJUNCTIVE.
Pret. sg.	1.	var	væra
	2.	vart	værir
	3.	var	væri
pl.	1.	vārum	værim
	2.	vāruð	værið
	3.	vāru	væri

Imper. sg. ver; *pl.* verið. *Ptc. prt.* verit *n.*

COMPOSITION.

170. Composition with the genitive is very frequent in Icelandic. Thus by the side of *skip-stjōrn* (ship-steering) we find *skips-brot* (ship's breaking, shipwreck), *skipa-hęrr* (army of ships, fleet). Genitival composition often expresses possession, as in *konungs-skip* (king's ship).

DERIVATION.

PREFIXES.

171. Prefixes are much less used in Icelandic than in Old English.

al- 'quite,' 'very': *al-būinn* 'quite ready,' *al-snotr* 'very clever.'

all- 'all,' 'very': *all-valdr* 'all-ruler, monarch,' *all-harðr* 'very hard,' *all-stōrum* 'very greatly.'

and- 'against': *and-lit* 'countenance' (*līta*, look), *and-svar* 'answer.'

fjǫl- 'many': *fjǫl-męnni* 'multitude' (*maðr*, man).

mis- 'mis-': *mis-līka* 'displease.'

ū- 'un-': *ū-friðr* 'war' (*friðr*, peace), *ū-happ* 'misfortune' (*happ* luck).

ENDINGS.

(a) Nouns.

Personal.

172. **-ingr, -ingi, -ing**: *vīkingr* 'pirate,' *hǫfðingi* ' chief,' *kęrling* ' old woman.'

Abstract.

173. **-ð**, fem. with mutation : *fęgrð* 'beauty' (*fagr*, fair), *fęrð* ' journey' (*fara*, go), *lęngð* 'length' (*langr*, long).

-ing, fem.: *svipting* 'pulling,' *vīking* 'piracy,' *virðing* ' honour.'

-leikr, masc.: *kær-leikr* 'affection' (*kærr*, dear), *skjōt-leikr* 'speed' (*skjōtr*, swift).

-an, -un, fem.: *skipan* 'arrangement,' *skęmtun* 'amusement.'

(b) Adjectives.

174. **-ugr**: *rāðugr* ' sagacious,' *þrūðugr* ' strong.'

-ōttr : *kollōttr* 'bald,' *ǫndōttr* ' fierce.'

-lauss ' -less': *fē-lauss* 'moneyless,' *ōtta-lauss* 'without fear.'

-ligr ' -ly': *undr-ligr* ' wonderful,' *sann-ligr* ' probable ' (*sannr*, true).

-samr : *līkn-samr* ' gracious,' *skyn-samr* 'intelligent.'

-verðr ' -ward': *ofan-verðr* ' upper.'

(c) Verbs.

175. **-na** : *brotna* ' be broken' (*brotinn*, broken), *hvītna* ' become white,' *vakna* ' awake'. Used to form intransitive and inchoative verbs of the third conj.

(*d*) Adverbs.

176. **-liga** '-ly': *undar-liga* 'wonderfully,' *sterk-liga* 'strongly' (*sterkr*, strong).

-um, dat. pl.: *stōrum* 'greatly' (*stōrr*, great).

SYNTAX.

177. Icelandic syntax greatly resembles Old English, but has several peculiarities of its own.

Concord.

178. Concord is carried out very strictly in Icelandic : *allir menn vāru būnir* 'all the men were ready,' *allir vāru drepnir* 'all were killed.'

179. A plural adj. or pronoun referring to two nouns of different (natural or grammatical) gender is always put in the neuter : *þā gekk hann upp, ok með honum Loki* (masc.), *ok Þjālfi* (masc.), *ok Rǫskva* (fem.). *þā er þau* (neut.) *hǫfðu lītla hrīð gengit* .. 'he landed, and with him L., and Þ., and R. When they had walked for some time ...'

Cases.

180. The extensive use of the instrumental dative is very characteristic of Icelandic : whenever the direct object of a verb can be considered as the instrument of the action expressed by the verb, it is put in the dative, as in *kasta stjōti* 'throw a spear' (lit. 'throw *with* a spear'), *hann helt hamarskaptinu* 'he grasped the handle of the hammer,' *heita þvī* 'promise that,' *jāta þvī* 'agree to that.'

ADJECTIVES.

181. The weak form of adjectives is used as in O. E. after the definite article, *þessi* and other demonstratives. *annarr* (other) is always strong.

182. An adj. is often set in apposition to a following noun to denote part of it: *eiga hālft dȳrit* 'to have half of the animal,' *ǫnnur þau* 'the rest of them,' *of miðja nātt* 'in the middle of the night.'

PRONOUNS.

183. *sā* is often put pleonastically before the definite article *inn*, both before and after the subst.: *sā inn ungi maðr* 'that young man,' *hafit þat it djūpa* 'the deep sea.'

184. The definite article is generally not expressed at all, or else *einn, einnhvęrr* is used.

185. A noun (often a proper name) is often put in opposition to a dual pron. of the first and second persons, or a plur. of the third person: *þit fēlagar*, 'thou and thy companions,' *með þeim Āka* 'with him and Āki.' Similarly *stęndr Þōrr upp ok þeir fēlagar* 'Thor and his companions get up.'

186. The plurals *vēr, þēr* are sometimes used instead of the singulars *ek, þū*, especially when a king is speaking or being spoken to.

187. *sik* and *sēr* are used in a strictly reflexive sense, referring back to the subject of the sentence, like *se* in Latin: *Þōrr bauð honum til matar með sēr* 'Thor asked him to supper with him.'

VERBS.

188. The tenses for which there is no inflection in the active, and all those of the passive, are formed by the auxiliaries *skal* (shall), *hafa* (have), *vera* (be) with the infin. and ptc. pret., much as in modern English.

189. The historical present is much used, often alternating abruptly with the preterite.

190. The middle voice is used: (1) in a purely reflexive sense: *spara* 'spare,' *sparask* 'spare oneself, reserve one's strength.' (2) intransitively: *būa* 'prepare,' *būask* 'become ready, be ready'; *sętja* 'set,' *sętjask* 'sit down'; *sȳna* 'show,' *sȳnask* 'appear, seem.' (3) reciprocally: *bęrja* 'strike,' *bęr-jask* 'fight'; *hitta,* 'find,' *hittask* 'meet.' In other cases it specializes the meaning of the verb, often emphasizing the idea of energy or effort: *koma* 'come,' *komask* 'make one's way.'

191. The impersonal form of expression is widely used in Icelandic: *rak ā storm* (acc.) *fyrir þeim* 'a storm was driven in their face.'

192. The indef. 'one' is expressed in the same way by the third pers. sg., and this form of expression is often used when the subject is perfectly definite: *ok freista skal þessar iþrōttar* 'and this feat shall be tried (by you).'

193. The abrupt change from the indirect to the direct narration is very common: *Haraldi konungi var sagt at þar var komit bjarndȳri, 'ok ā Islęnzkr maðr,'* 'King Harold was told that a bear had arrived, and that an Icelander owned it.' The direct narration is also used after *at* (that): *hann svarar at 'ek skal rīða til Hęljar'* 'he answers that he will ride to Hel.'

TEXTS.

I.

THOR.

Þórr er āsanna framastr, sā er kallaðr er Āsa-þōrr eða
Qku-þōrr; hann er sterkastr allra guðanna ok manna.
Hann ā þar rīki er Þrūð-vangar heita, en holl hans heitir
Bilskīrnir; ī þeim sal eru fimm hundruð gōlfa ok fjōrir tigir;
þat er hūs mest, svā at menn hafa gört.   5
   Þōrr ā hafra tvā, er svā heita, Tann-gnjōstr ok Tann-
grisnir, ok reið þā er hann ekr, en hafrarnir draga reiðina;
þvī er hann kallaðr Qkuþōrr.   Hann ā ok þrjā kost-gripi.
Einn þeira er hamarrinn Mjǫllnir, er hrīm-þursar ok berg-
risar kenna, þā er hann kōmr ā lopt, ok er þat eigi undarligt: 10
hann hefir lamit margan haus ā feðrum eða frændum þeira.
Annan grip ā hann beztan, megin-gjarðar; ok er hann
spennir þeim um sik, þā vex honum ās-megin hālfu.   En
þriðja hlut ā hann þann er mikill gripr er ī, þat eru jārn-
glōfar; þeira mā hann eigi missa við hamarskaptit.   En 15
engi er svā frōðr at telja kunni ǫll stōr-virki hans.

II.

THOR AND ÚTGARÐALOKI.

Þat er upp-haf þessa máls at Ǫkuþórr fōr með hafra sína
ok reið, ok með honum sā āss er Loki er kallaðr; koma
þeir at kveldi til eins bōnda ok fā þar nātt-stað. En um
kveldit tōk Þōrr hafra sína, ok skar bāða; ęptir þat vāru
5 þeir flegnir ok bornir til kętils; en er soðit var, þā sęttisk
Þōrr til nātt-verðar ok þeir lags-męnn. Þōrr bauð til matar
með sēr bōndanum, ok konu hans, ok bǫrnum þeira; sonr
bōnda hēt Þjālfi, en Rǫskva dōttir. Þā lagði Þōrr hafr-
stǫkurnar utar frā eldinum, ok mælti àt bōndi ok heima-męnn
10 hans skyldu kasta ā hafrstǫkurnar beinunum. Þjālfi, sonr
bōnda, helt ā lær-lęgg hafrsins, ok sprętti ā knīfi sínum, ok
braut til męrgjar. Þōrr dvalðisk þar of nāttina; en ī ōttu
fyrir dag stōð hann upp, ok klæddi sik, tōk hamarinn
Mjǫllni ok brā upp, ok vīgði hafrstǫkurnar; stōðu þā upp
15 hafrarnir, ok var þā annarr haltr ęptra fœti. Þat fann Þōrr,
ok talði at bōndinn eða hans hjōn mundi eigi skynsamliga
hafa farit með beinum hafrsins: kęnnir hann at brotinn var
lærlęggrinn. Eigi þarf langt frā því at sęgja: vita męgu þat
allir hvęrsu hræddr bōndinn mundi vera, er hann sā at Þōrr
20 lēt sīga brȳnnar ofan fyrir augun; en þat er sā augnanna,
þā hugðisk hann falla mundu fyrir sjōninni einni samt; hann
hęrði hęndrnar at hamar-skaptinu svā at hvītnuðu knūarnir.
En bōndinn görði sem vān var, ok ǫll hjōnin: kǫlluðu āka-
fliga, bāðu sēr friðar, buðu at fyrir kvæmi alt þat er þau
25 āttu. En er hann sā hræzlu þeira, þā gekk af honum

móðrinn, ok sefaðisk hann; ok tók af þeim í sætt børn þeira, Þjálfa ok Rǫsku, ok gǫrðusk þau þá skyldir þjónustu-mænn Þórs, ok fylgja þau honum jafnan síðan.

Lēt hann þar æptir hafra, ok byrjaði fęrðina austr í Jǫtun-heima, ok alt til hafsins; ok þá fōr hann ūt yfir 30 hafit þat it djūpa; en er hann kom til lands, þá gekk hann upp, ok með honum Loki, ok Þjálfi, ok Rǫskva. Þá er þau hǫfðu lītla hrīð gęngit, varð fyrir þeim mǫrk stōr; gengu þau þann dag allan til myrkrs. Þjálfi var allra manna fōt-hvatastr; hann bar kȳl Þōrs, en til vista var eigi gott. 35 Þá er myrkt var orðit, leituðu þeir sēr til nāttstaðar, ok fundu fyrir sēr skāla nakkvarn mjǫk mikinn, vāru dyrr ā ęnda, ok jafn-breiðar skālanum; þar leituðu þeir sēr nātt-bōls. En of miðja nātt varð land-skjālfti mikill, gekk jǫrðin undir þeim skykkjum, ok skalf hūsit. Þá stōð Þōrr upp, ok 40 hēt ā lagsmęnn sīna; ok leituðusk fyrir, ok fundu af-hūs til hœgri handar í miðjum skālanum, ok gengu þannig; sęttisk Þōrr í dyrrin (en ǫnnur þau vāru innar frā honum,) ok vāru þau hrædd, en Þōrr helt hamarskaptinu, ok hugði at vęrja sik; (þá heyrðu þau ym mikinn ok gnȳ.) En er kom at 45 dagan, þá gekk Þōrr ūt, ok sēr hvar lā maðr skamt frā honum í skōginum, ok var sā eigi lītill; hann svaf, ok hraut stęrkliga. Þá þóttisk Þōrr skilja hvat lātum verit hafði of nāttina; hann spęnnir sik męgingjǫrðum, ok ōx honum āsmęgin; en í því vaknar sā maðr, ok stōð skjōtt upp; en 50 þá er sagt at Þōr varð bilt einu sinni at slā hann með ham-rinum; ok spurði hann at nafni, en sā nęfndisk Skrȳmir: 'en eigi þarf ek,' sagði hann, 'at spyrja þik at nafni: kęnni ek at þū ert Āsaþōrr; en hvārt hęfir þū dręgit ā braut hanzka minn?' Seildisk þá Skrȳmir til, ok tók upp hanzka sinn; 55 sēr Þōrr þā at þat hafði hann haft of nāttina fyrir skāla, en afhūsit þat var þumlungrinn hanzkans. Skrȳmir spurði ef Þōrr vildi hafa fǫru-neyti hans, en Þōrr jātti því. Þá tōk

Skrȳmir ok leysti nestbagga sinn, ok bjōsk til at eta dǫgurð,
60 en Þōrr ī ǫðrum stað ok hans fēlagar. Skrȳmir bauð þā at
þeir lęgði mǫtu-neyti sitt, en Þōrr jātti þvī; þā batt Skrȳmir
nest þeira alt ī einn bagga, ok lagði ā bak sēr; hann gekk
fyrir of daginn, ok steig hęldr stōrum, en sīðan at kveldi
leitaði Skrȳmir þeim nāttstaðar undir eik nakkvarri mikilli.
65 Þā mælti Skrȳmir til Þōrs at hann vill lęggjask niðr at
sofna; 'en þēr takið nest-baggann, ok būið til nātt-verðar
yðr.' Þvī næst sofnar Skrȳmir, ok hraut fast; en Þōrr tōk
nest-baggann ok skal leysa; en svā er at sęgja, sem ū-trūligt
mun þykkja, at engi knūt fekk hann leyst, ok engi ālar-
70 ęndann hreyft, svā at þā væri lausari en āðr. Ok er hann
sēr at þetta verk mā eigi nȳtask, þā varð hann reiðr, greip
þā hamarinn Mjǫllni tveim hǫndum, ok steig fram ǫðrum
fœti at þar er Skrȳmir lā, ok lȳstr ī hǫfuð honum; en
Skrȳmir vaknar, ok spyrr hvārt laufs-blað nakkvat felli ī
75 hǫfuð honum, eða hvārt þeir hęfði þā matazk, ok sē būnir
til rękkna. Þōrr segir at þeir munu þā sofa ganga. Ganga
þau þā undir aðra eik. Er þat þēr satt at sęgja, at ekki var
þā ōttalaust at sofa. En at miðri nātt þā heyrir Þōrr at
Skrȳmir hrȳtr, ok söfr fast, svā at dunar ī skōginum. Þā
80 stęndr hann upp, ok gęngr til hans, reiðir hamarinn tītt ok
hart, ok lȳstr ofan ī miðjan hvirfil honum; hann kęnnir at
hamars-muðrinn sökkr djūpt ī hǫfuðit. En ī þvī bili vaknar
Skrȳmir, ok mælti: 'hvat er nū? fell akarn nakkvat ī hǫfuð
mēr? eða hvat er tītt um þik, Þōrr?' En Þōrr gekk aptr
85 skyndiliga, ok svarar at hann var þā nȳvaknaðr, sagði at þā
var mið nātt, ok enn væri māl at sofa. Þā hugsaði Þōrr þat,
ef hann kvæmi svā ī fœri at slā hann it þriðja hǫgg, at aldri
skyldi hann sjā sik sīðan; liggr nū ok gætir ef Skrȳmir
sofnaði fast. En lītlu fyrir dagan þā heyrir hann at Skrȳmir
90 mun sofnat hafa; stęndr þā upp, ok hleypr at honum, reiðir
þā hamarinn af ǫllu afli ok lȳstr ā þunn-vangann þann er

upp vissi; sökkr þā hamarrinn upp at skaptinu. En Skrȳ-
mir sęttisk upp, ok strauk of vangann, ok mælti: ' hvārt
munu fuglar nakkvarir sitja ī trēnu yfir mēr? mik grunaði,
er ek vaknaða, at tros nakkvat af kvistunum felli ī hǫfuð 95
mēr; hvārt vakir þū, Þōrr? Māl mun vera upp at standa
ok klæðask, en ekki eigu þēr nū langa leið fram til borgar-
innar er kǫlluð er Ūt-garðr. Heyrt hęfi ek at þēr hafið
kvisat ī milli yðvar at ek væra ekki lītill maðr vęxti, en sjā
skulu þēr þar stœrri męnn, er þēr komið ī Ūtgarð. Nū mun 100
ek rāða yðr heil-ræði: lāti þēr eigi stōrliga yfir yðr, ekki
munu hirðmęnn Ūtgarða-loka vel þola þvīlīkum kǫgur-
sveinum kǫpur-yrði; en at ǫðrum kosti hverfið aptr, ok
þann ætla ek yðr bętra af at taka. En ef þēr vilið fram
fara, þā stęfni þēr ī austr, en ek ā nū norðr leið til fjalla 105
þessa er nū munu þēr sjā mega.' Tękr Skrȳmir nest-bag-
gann, ok kastar ā bak sēr, ok snȳr þvęrs ā braut ī skōginn
frā þeim, ok er þess eigi getit at æsirnir bæði þā heila
hittask.

Þōrr fōr fram ā leið ok þeir fēlagar, ok gekk fram til miðs 110
dags; þā sā þeir borg standa ā vǫllum nǫkkurum, ok sęttu
hnakkann ā bak sēr aptr, āðr þeir fengu sēt yfir upp; ganga
til borgarinnar, ok var grind fyri borg-hliðinu, ok lokin aptr.
Þōrr gekk ā grindina, ok fekk eigi upp lokit; en er þeir
þreyttu at komask ī borgina, þā smugu þeir milli spalanna 115
ok kōmu svā inn; sā þā hǫll mikla, ok gengu þannig; var
hurðin opin; þā gengu þeir inn, ok sā þar marga męnn
ā tvā bękki, ok flesta œrit stōra. Þvī næst koma þeir fyrir
konunginn, Ūtgarðaloka, ok kvǫddu hann, en hann leit seint
til þeira, ok glotti um tǫnn, ok mælti: ' seint er um langan 120
veg at spyrja tīðinda, eða er annan veg en ek hygg, at þessi
svein-stauli sē Ǫkuþōrr? en meiri muntu vera en mēr līzk
þū; eða hvat īþrōtta er þat er þēr fēlagar þykkizk vera við
būnir? Engi skal hēr vera með oss sā er eigi kunni nakkvars

125 konar list eða kunnandi um fram flesta męnn.' Þā sęgir sā
er sīðast gekk, er Loki heitir: 'kann ek þā īþrōtt, er ek em
al-būinn at reyna, at engi er hēr sā inni er skjōtara skal eta
mat sinn en ek.' Þā svarar Ūtgarðaloki: 'īþrōtt er þat, ef
þū ęfnir, ok freista skal þā þessar īþrōttar;' kallaði utar ā
130 bękkinn at sā er Logi heitir skal ganga ā gōlf fram, ok freista
sīn ī mōti Loka. Þā var tękit trog eitt, ok borit inn ā hallar-
gōlfit, ok fylt af slātri; sęttisk Loki at ǫðrum ęnda, en Logi
at ǫðrum, ok āt hvārr-tvęggja sem tīðast, ok mœttusk ī miðju
troginu; hafði þā Loki etit slātr alt af beinum, en Logi hafði
135 ok etit slātr alt ok beinin með, ok svā trogit; ok sȳndisk nū
ǫllum sem Loki hęfði lātit leikinn. Þā spyrr Ūtgarðaloki
hvat sā inn ungi maðr kunni leika. En Þjālfi sęgir at hann
mun freista at ręnna skeið nǫkkur við einn-hvęrn þann er
Ūtgarðaloki fær til. Hann sęgir, Ūtgarðaloki, at þetta er
140 gōð īþrōtt, ok kallar þess meiri vān at hann sē vel at sēr
būinn of skjōtleikinn, ef hann skal þessa īþrōtt inna; en þō
lætr hann skjōtt þessa skulu freista. Stęndr þā upp Ūtgarða-
loki, ok gęngr ūt, ok var þar gott skeið at ręnna ęptir slēttum
vęlli. Þā kallar Ūtgarðaloki til sīn sveinstaula nakkvarn, er
145 nęfndr er Hugi, ok bað hann ręnna ī kǫpp við Þjālfa. Þā
taka þeir it fyrsta skeið, ok er Hugi þvī framar at hann
snȳsk aptr ī mōti honum at skeiðs ęnda. Þā mælti Ūtgarða-
loki: 'þurfa muntu, Þjālfi, at lęggja þik meir fram, ef þū
skalt vinna leikinn; en þō er þat satt, at ekki hafa hēr komit
150 þeir męnn er mēr þykkja fōthvatari en svā.' Þā taka þeir
aptr annat skeið, ok þā er Hugi er kominn til skeiðs ęnda,
ok hann snȳsk aptr, þā var langt kōlf-skot til Þjālfa. Þā
mælti Ūtgarðaloki: 'vel þykkir mēr Þjālfi ręnna; en eigi
trūi ek honum nū at hann vinni leikinn, en nū mun reyna,
155 er þeir ręnna it þriðja skeiðit.' Þā taka þeir ęnn skeið; en
er Hugi er kominn til skeiðs ęnda ok snȳsk aptr, ok er
Þjālfi eigi þā kominn ā mitt skeiðit; þā sęgja allir at reynt

er um þenna leik. Þā spyrr Ūtgarðaloki Þōr, hvat þeira
īþrōtta mun vera er hann muni vilja birta fyrir þeim, svā
miklar sǫgur sem mǫnn hafa gört um stōrvirki hans. Þā 160
mælti Þōrr at hęlzt vill hann þat taka til, at þreyta drykkju
við einnhvęrn mann. Ūtgarðaloki sęgir at þat mā vel vera;
ok gęngr inn ī hǫllina, ok kallar skutil-svein sinn, biðr at
hann taki vītis-horn þat, er hirðmęnn eru vanir at drekka af.
Þvī næst kömr fram skutilsveinn með horninu, ok fær Þōr ī 165
hǫnd. Þā mælti Ūtgarðaloki: 'af horni þessu þykkir þā
vel drukkit, ef ī einum drykk gęngr af, en sumir męnn
drekka af ī tveim drykkjum, en engi er svā lītill drykkju-
maðr, at eigi gangi af ī þrimr.' Þōrr lītr ā hornit, ok sȳnisk
ekki mikit, ok er þō hęldr langt, en hann er mjǫk þyrstr; 170
tękr at drekka, ok svelgr allstōrum, ok hyggr at eigi skal
þurfa at lūta optar at sinni ī hornit. En er hann þraut
örindit, ok hann laut ōr horninu, ok sēr hvat leið drykkinum,
ok līzk honum svā, sem all-lītill munr mun vera at nū sē
lægra ī horninu en āðr. Þā mælti Ūtgarðaloki: 'vel er 175
drukkit, ok eigi til mikit; eigi munda-k trūa, ef mēr væri
sagt frā, at Āsaþōrr mundi eigi meira drykk drekka; en
þō veit ek at þū munt vilja drekka af ī ǫðrum drykk.'
Þōrr svarar engu, sętr hornit ā munn sēr, ok hyggr nū at
hann skal drekka meira drykk, ok þreytir ā drykkjuna, sem 180
honum vannsk til örindi, ok sēr ęnn at stikillinn hornsins
vill ekki upp svā mjǫk sem honum līkar; ok er hann tōk
hornit af munni sēr ok sēr, līzk honum nū svā, sem minna
hafi þorrit en ī inu fyrra sinni; er nū gott beranda borð
ā horninu. Þā mælti Ūtgarðaloki: 'hvat er nū, Þōrr? 185
muntu nū eigi sparask til eins drykkjar meira en þēr mun
hagr ā vera? Svā līzk mēr, ef þū skalt nū drekka af horninu
inn þriðja drykkinn, sem þessi mun mestr ætlaðr; en ekki
muntu mega hēr með oss heita svā mikill maðr sem æsir
kalla þik, ef þū görir eigi meira af þēr um aðra leika en mēr 190

ε

līzk sem um þenna mun vera.' Þā varð Þórr reiðr, sętr
hornit ā munn sēr, ok drekkr sem ākafligast mā hann, ok
þreytir sem lęngst ā drykkinn; en er hann sā ī hornit, þā
hafði nū hęlzt nakkvat munr ā fęngizk, ok þā bȳðr hann upp
195 hornit, ok vill eigi drekka meira. Þā mælti Ūtgarðaloki:
'auð-sēt er nū at māttr þinn er ekki svā mikill sem vēr
hugðum; en vill-tu freista um fleiri leika? Sjā mā nū, at
ekki nȳtir þū hēr af.' Þórr svarar: 'freista mā ek ęnn of
nakkvara leika, en undarliga mundi mēr þykkja, þā er ek var
200 heima með āsum, ef þvīlīkir drykkir væri svā lītlir kallaðir. En
hvat leik vili þēr nū bjōða mēr?' Þā mælti Ūtgarðaloki: 'þat
göra hēr ungir sveinar er lītit mark mun at þykkja, at hęfja
upp af jǫrðu kǫtt minn; en eigi munda-k kunna at mæla
þvīlīkt við Āsaþōr, ef ek hęfða eigi sēt fyrr at þū ert miklu
205 minni fyrir þēr en ek hugða.' Þvī næst hljōp fram kǫttr
einn grār ā hallargōlfit, ok hęldr mikill; en Þórr gekk til, ok
tōk hęndi sinni niðr undir miðjan kviðinn, ok lypti upp, en
kǫttrinn beygði kęnginn, svā sem Þórr rētti upp hǫndina; en
er Þórr seildisk svā langt upp sem hann mātti lęngst, þā lētti
210 kǫttrinn einum fœti, ok fær Þórr eigi framit þenna leik. Þā
mælti Ūtgarðaloki: 'svā fōr þessi leikr sem mik varði;
kǫttrinn er hęldr mikill, en Þórr er lāgr ok lītill hjā stōr-
męnni þvī sem hēr er með oss.' Þā mælti Þórr: 'svā lītinn
sem þēr kallið mik, þā gangi nū til einnhvęrr, ok fāisk við
215 mik; nū em ek reiðr.' Þā svarar Ūtgarðaloki, ok litask um
ā bękkina, ok mælti: 'eigi sē ek þann mann hēr inni, er
eigi mun lītil-ræði ī þykkja at fāsk við þik;' ok ęnn mælti
hann: 'sjām fyrst, kalli mēr hingat kęrlinguna, fōstru mīna
Ęlli, ok fāisk Þórr við hana, ef hann vill; fęlt hęfir hon þā
220 męnn er mēr hafa litizk eigi ū-stęrkligri en Þórr er.' Þvī
næst gekk ī hǫllina kęrling ein gǫmul. Þā mælti Ūtgar-
ðaloki, at hon skal taka fang við Āsaþōr. Ekki er langt um
at göra: svā fōr fang þat at þvī harðara er Þórr knūðisk at

fangĭnu, þvī fastara stōð hon; þā tōk kęrling at leita til
bragða, ok varð Þōrr þā lauss ā fōtum, ok vāru þær svip- 225
tingar all-harðar, ok eigi lęngi āðr en Þōrr fell ā knē ǫðrum
fœti. Þā gekk til Ūtgarðaloki, bað þau hætta fanginu, ok
sagði svā, at Þōrr mundi eigi þurfa at bjōða fleirum mǫnnum
fang ī hans hǫll; var þā ok liðit ā nātt, vīsaði Ūtgarðaloki
Þōr ok þeim fēlǫgum til sætis, ok dvęljask þar nātt-langt ī 230
gōðum fagnaði.

En at morgni, þegar dagaði, stęndr Þōrr upp ok þeir
fēlagar, klæða sik, ok eru būnir braut at ganga. Þā kom
þar Ūtgarðaloki, ok lēt sętja þeim borð; skorti þā eigi
gōðan fagnað, mat ok drykk. En er þeir hafa matazk, þā 235
snūask þeir til fęrðar. Ūtgarðaloki fylgir þeim ūt, gęngr
með þeim braut ōr borginni; en at skilnaði þā mælti Ūtgar-
ðaloki til Þōrs, ok spyrr hvęrnig honum þykkir fęrð sīn
orðin, eða hvārt hann hęfir hitt rīkara mann nakkvarn en
sik. Þōrr svarar at eigi mun hann þat sęgja, at eigi hafi 240
hann mikla ū-sœmð farit ī þeira við-skiptum; 'en þō veit
ek at þēr munuð kalla mik lītinn mann fyrir mēr, ok uni ek
þvī illa.' Þā mælti Ūtgarðaloki: 'nū skal sęgja þēr it sanna,
er þū ert ūt kominn ōr borginni—ok ef ek lifi ok mega-k
rāða, þā skaltu aldri optar ī hana koma; ok þat veit trūa 245
mīn, at aldri hęfðir þū ī hana komit, ef ek hęfða vitat āðr at
þū hęfðir svā mikinn krapt með þēr, ok þū hafðir svā nær
haft oss mikilli ū-fœru. En sjōn-hvęrfingar hęfi ek gört þēr,
svā at fyrsta sinn, er ek fann þik ā skōginum, kom ek til
fundar við yðr; ok þā er þū skyldir leysa nestbaggann, þā 250
hafða-k bundit með gres-jārni, en þū fannt eigi hvar upp
skyldi lūka. En þvī næst laust þū mik með hamrinum þrjū
hǫgg, ok var it fyrsta minst, ok var þō svā mikit, at mēr
mundi ęndask til bana, ef ā hęfði komit; en þar er þū sātt
hjā hǫll minni set-berg, ok þar sātt-u ofan ī þrjā dala fer- 255
skeytta ok einn djūpastan, þat vāru hamarspor þīn; setber-

ginu brā ek fyrir hǫggin, en eigi sātt þū þat. Svā var ok of
leikana, er þēr þreyttuð við hirðmęnn mīna. Þā var þat it
fyrsta, er Loki görði; hann var mjǫk soltinn, ok āt tītt; en
260 sā er Logi hēt, þat var villi-eldr, ok bręndi hann eigi seinna
slātrit en trogit. En er Þjālfi þreytti rāsina við þann er
Hugi hēt, þat var hugi minn, ok var Þjālfa eigi vænt at
þreyta skjōt-fœri við hann. En er þū drakkt af horninu, ok
þōtti þēr seint līða,—en þat veit trūa mīn, at þā varð þat
265 undr, er ek munda eigi trūa at vera mætti; annarr ęndir
hornsins var ūt ī hafi, en þat sāttu eigi; en nū, er þū kömr
til sævarins, þā mun-tu sjā mega, hvęrn þurð þū hęfir drukkit
ā sænum.' Þat eru nū fjǫrur kallaðar. Ok ęnn mælti hann:
'eigi þōtti mēr hitt minna vera vert, er þū lyptir upp kęt-
270 tinum, ok þēr satt at sęgja, þā hræddusk allir þeir er sā,
er þū lyptir af jǫrðu einum fœtinum; en sā kǫttr var eigi
sem þēr sȳndisk; þat var Miðgarðs-ormr, er liggr um lǫnd
ǫll, ok vannsk honum varliga lęngðin til, at jǫrðina tœki
sporðr ok hǫfuð; ok svā langt seildisk þū upp at skamt var
275 þā til himins. En hitt var ok mikit undr um fangit, er þū
fekkzk við Ęlli; fyrir þvī at engi hęfir sā orðit, ok engi
mun verða, ef svā gamall er at ęlli bīðr, at eigi komi ęllin
ǫllum til falls. Ok er nū þat satt at sęgja, at vēr munum
skiljask, ok mun þā bętr hvārratvęggju handar at þēr komið
280 eigi optar mik at hitta; ek mun ęnn annat sinn vęrja borg
mīna með þvīlīkum vēlum eða ǫðrum, svā at ekki vald munu
þēr ā mēr fā.' En er Þōrr heyrði þessa tǫlu, greip hann til
hamarsins, ok bregðr ā lopt; en er hann skal fram reiða, þā
sēr hann þar hvęrgi Ūtgarðaloka, ok þā snȳsk hann aptr til
285 borgarinnar, ok ætlask þā fyrir at brjōta borgina; þā sēr
hann þar vǫllu vīða ok fagra, en enga borg. Snȳsk hann
þā aptr, ok fęrr leið sīna, til þess er hann kom aptr ī Þrūð-
vanga.

III.

BALDER.

Annarr sonr Óðins er Baldr, ok er frá honum gott at segja: hann er beztr, ok hann lofa allir. Hann er svá fagr á-litum ok bjartr svá at lýsir af honum; ok eitt gras er svá hvítt at jafnat er til Baldrs brár, þat er allra grasa hvítast; ok þar eptir máttu marka hans fegrð, bæði á hár ok á líki; 5 hann er vitrastr ásanna, ok fegrstr taliðr ok líknsamastr. En sú náttúra fylgir honum at engi má haldask dómr hans. Hann býr þar sem heitir Breiða-blik, þat er á himni; í þeim stað má ekki vera ú-hreint, svá sem hér segir:

Breiðablik heita,   þar er Baldr hefir   10
    sér of görva sali;
í því landi   er ek liggja veit
    fæsta feikn-stafi.

IV.

THE DEATH OF BALDER.

Þat er upphaf þessar sǫgu, at Baldr inn gōða dreymði
drauma stōra ok hættliga um līf sitt. En er hann sagði
āsunum draumana, þā bāru þeir saman rāð sīn, ok var þat
gört at beiða griða Baldri fyrir alls konar hāska; ok Frigg
5 tōk svardaga til þess, at eira skyldu Baldri eldr ok vatn, jārn
ok alls konar mālmr, steinar, jǫrðin, viðirnir, sōttirnar, dȳrin,
fuglarnir, eitr, ormar. En er þetta var gört ok vitat, þā var
þat skęmtun Baldrs ok āsanna at hann skyldi standa upp ā
þingum, en allir aðrir skyldu sumir skjōta ā hann, sumir
10 hǫggva til, sumir bęrja grjōti. En hvat sem at var gört,
sakaði hann ekki, ok þōtti þetta ǫllum mikill frami. En er
þetta sā Loki Laufeyjar-son, þā līkaði honum illa er Baldr
sakaði ekki. Hann gekk til Fęn-salar til Friggjar, ok brā
sēr ī konu līki; þā spyrr Frigg ef sū kona vissi hvat æsir
15 hǫfðusk at ā þinginu. Hon sagði at allir skutu at Baldri,
ok þat, at hann sakaði ekki. Þā mælti Frigg: 'eigi munu
vāpn eða viðir granda Baldri; eiða hęfi ek þęgit af ǫllum
þeim.' Þā spyrr konan: 'hafa allir hlutir eiða unnit at eira
Baldri?' Þā svarar Frigg: 'vęx viðar-teinungr einn fyrir
20 vestan Val-hǫll; sā er Mistilteinn kallaðr; sā þōtti mēr ungr
at kręfja eiðsins.' Þvī næst hvarf konan ā braut; en Loki
tōk Mistiltein ok sleit upp, ok gekk til þings. En Hǫðr stōð
utarliga ī mannhringinum, þvī at hann var blindr. Þā mælti
Loki við hann: 'hvī skȳtr þū ekki at Baldri?' Hann svarar:
25 'þvī at ek sē eigi, hvar Baldr er, ok þat annat, at ek em

vāpnlauss.' Þā mælti Loki : 'gör-ðu þō ī līking annarra manna, ok veit Baldri sœmð sem aðrir menn ; ek mun vīsa þēr til, hvar hann stendr ; skjōt at honum vendi þessum.' Hǫðr tōk Mistiltein, ok skaut at Baldri at tilvīsun Loka ; flaug skotit ī gegnum hann, ok fell hann dauðr til jarðar ; ok 30 hefir þat mest ū-happ verit unnit með goðum ok mǫnnum. Þā er Baldr var fallinn, þā fellusk ǫllum āsum orð-tǫk, ok svā hendr at taka til hans ; ok sā hverr til annars, ok vāru allir með einum hug til þess er unnit hafði verkit ; en engi mātti hefna : þar var svā mikill griða-staðr. En þā er 35 æsirnir freistuðu at mæla, þā var hitt þō fyrr, at grātrinn kom upp, svā at engi mātti ǫðrum segja með orðunum frā sīnum harmi. En Ōðinn bar þeim mun verst þenna skaða, sem hann kunni mesta skyn, hversu mikil af-taka ok missa āsunum var ī frā-falli Baldrs. En er goðin vitkuðusk, þā 40 mælti Frigg ok spurði, hverr sā væri með āsum, er eignask vildi allar āstir hennar ok hylli, ok vili hann rīða ā hel-veg ok freista ef hann fāi fundit Baldr, ok bjōða Helju ūt-lausn, ef hon vill lāta fara Baldr heim ī Ās-garð. En sā er nefndr Hermōðr inn hvati, sonr Ōðins, er til þeirar farar varð. Þā 45 var tekinn Sleipnir, hestr Ōðins, ok leiddr fram, ok steig Hermōðr ā þann hest, ok hleypði braut.

En æsirnir tōku līk Baldrs ok fluttu til sævar. Hring-horni hēt skip Baldrs, hann var allra skipa mestr ; hann vildu goðin fram setja, ok göra þar ā bāl-fǫr Baldrs ; en 50 skipit gekk hvergi fram. Þā var sent ī Jǫtunheima eptir gȳgi þeiri er Hyrrokin hēt ; en er hon kom, ok reið vargi, ok hafði hǫgg-orm at taumum, þā hljōp hon af hestinum, en Ōðinn kallaði til ber-serki fjōra at gæta hestsins, ok fengu þeir eigi haldit, nema þeir feldi hann. Þā gekk Hyrrokin ā 55 fram-stafn nǫkkvans, ok hratt fram ī fyrsta við-bragði, svā at eldr hraut ōr hlunnunum, ok lǫnd ǫll skulfu. Þā varð Þōrr reiðr, ok greip hamarinn, ok mundi þā brjōta hǫfuð

hennar, āðr en goðin ǫll bāðu henni friðar. Þā var borit
60 ūt ā skipit līk Baldrs; ok er þat sā kona hans, Nanna, Neps
dōttir, þā sprakk hon af harmi, ok dō; var hon borin ā
bālit, ok slegit ī eldi. Þā stōð Þōrr at, ok vīgði bālit með
Mjǫllni; en fyrir fōtum hans rann dvergr nakkvarr, sā er
Litr nefndr; en Þōrr spyrndi fœti sīnum ā hann, ok hratt
65 honum ī eldinn, ok brann hann. En at þessi brennu sōtti
margs konar þjōð: fyrst at segja frā Ōðni, at með honum
fōr Frigg ok valkyrjur ok hrafnar hans; en Freyr ōk ī kerru
með gelti þeim er Gullin-bursti heitir eða Slīðrug-tanni; en
Heimdallr reið hesti þeim er Gull-toppr heitir; en Freyja
70 kǫttum sīnum. Þar kömr ok mikit fōlk hrīmþursa, ok berg-
risar. Ōðinn lagði ā bālit gullhring þann er Draupnir
heitir; honum fylgði sīðan sū nāttūra, at hina nīundu hverja
nātt drupu af honum ātta gullhringar jafn-hǫfgir. Hestr
Baldrs var leiddr ā bālit með ǫllu reiði.

75 En þat er at segja frā Hermōði, at hann reið nīu nætr
dökkva dala ok djūpa, svā at hann sā ekki, fyrr en hann
kom til ārinnar Gjallar, ok reið ā Gjallar-brūna; hon er
þǫkð lȳsi-gulli. Mōðguðr er nefnd mær sū er gætir brūar-
innar; hon spurði hann at nafni eða ætt, ok sagði at hinn
80 fyrra dag riðu um brūna fimm fylki dauðra manna; 'en eigi
dynr brūin minnr undir einum þēr, ok eigi hefir þū lit dauðra
manna; hvī rīðr þū hēr ā helveg?' Hann svarar at 'ek
skal rīða til heljar at leita Baldrs, eða hvārt hefir þū nakkvat
sēt Baldr ā helvegi?' En hon sagði at Baldr hafði þar
85 riðit um Gjallarbrū; 'en niðr ok norðr liggr helvegr.' Þā
reið Hermōðr þar til er hann kom at hel-grindum; þā steig
hann af hestinum, ok gyrði hann fast, steig upp, ok keyrði
hann sporum, en hestrinn hljōp svā hart, ok yfir grindina, at
hann kom hvergi nær. Þā reið Hermōðr heim til hallar-
90 innar, ok steig af hesti, gekk inn ī hǫllina, sā þar sitja ī
ǫndvegi Baldr, brōður sinn, ok dvalðisk Hermōðr þar um

nāttina. En at morgni þā beiddisk Hẹrmōðr af Hẹlju at
Baldr skyldi ríða heim með honum, ok sagði hvẹrsu mikill
grātr var með āsum. En Hẹl sagði at þat skyldi svā reyna,
hvārt Baldr var svā āst-sæll sem sagt er; 'ok ef allir hlutir ī 95
heiminum, kykvir ok dauðir, grāta hann, þā skal hann fara
til āsa aptr, en haldask með Hẹlju, ef nakkvarr mælir við,
eða vill eigi grāta.' Þā stöð Hẹrmōðr upp, en Baldr leiðir
hann ūt ōr họllinni, ok tök hringinn Draupni, ok sẹndi Ōðni
til minja, en Nanna sẹndi Frigg ripti, ok ẹnn fleiri gjafar, 100
Fullu fingr-gull. Þā reið Hẹrmōðr aptr leið sína, ok kom ī
Āsgarð, ok sagði ọll tīðindi þau er hann hafði sēt ok heyrt.

Þvī næst sẹndu æsir um allan heim örind-reka, at biðja
at Baldr væri grātinn ōr hẹlju; en allir görðu þat, mẹnninir,
ok kykvendin, ok jọrðin, ok steinarnir, ok trē, ok allr mālmr; 105
svā sem þū munt sēt hafa, at þessir hlutir grāta, þā er þeir
koma ōr frosti ok ī hita. Þā er sẹndi-mẹnn fōru heim, ok
họfðu vel rekit sīn örindi, finna þeir ī hẹlli nọkkurum hvar
gȳgr sat; hon nẹfndisk Þọkk. Þeir biðja hana grāta Baldr
ōr hẹlju. Hon svarar: 110

    '*Þ*ọkk mun grāta   *þ*urrum tārum
    *B*aldrs *b*ālfarar ;
    *k*yks nē dauðs   naut-k-a-k *k*arls sonar ;
    haldi *H*ẹl þvī es *h*ẹfir !'

En þess geta mẹnn, at þar hafi verit Loki Laufeyjar-son, 115
er flest hẹfir ilt gört með āsum.

V.

HĒÐINN AND HǪGNI.

Konungr sā er Hǫgni er nęfndr ātti dōttur, er Hildr hēt.
Hana tōk at hęr-fangi konungr sā er Hēðinn hēt, Hjarranda-
son. Þā var Hǫgni konungr farinn ī konunga-stęfnu; en er
hann spurði at hęrjat var ī rīki hans, ok dōttir hans var ī
5 braut tękin, þā fōr hann með sīnu liði at leita Hēðins, ok
spurði til hans, at Hēðinn hafði siglt norðr með landi. Þā
er Hǫgni konungr kom ī Noreg, spurði hann at Hēðinn
hafði siglt vestr um haf. Þā siglir Hǫgni ęptir honum allt
til Orkn-eyja; ok er hann kom þar sem heitir Hā-ey, þā
10 var þar fyrir Hēðinn með lið sitt. Þā fōr Hildr ā fund fǫður
sīns, ok bauð honum męn at sætt af hęndi Hēðins, en ī ǫðru
orði sagði hon at Hēðinn væri būinn at bęrjask, ok ætti
Hǫgni af honum engrar vægðar vān. Hǫgni svarar stirt
dōttur sinni; en er hon hitti Hēðin, sagði hon honum, at
15 Hǫgni vildi enga sætt, ok bað hann būask til orrostu, ok
svā göra þeir hvārir-tvęggju, ganga upp ā eyna, ok fylkja
liðinu. Þā kallar Hēðinn ā Hǫgna, māg sinn, ok bauð
honum sætt ok mikit gull at bōtum. Þā svarar Hǫgni:
'of sīð bauzt-u þetta, ef þū vill sættask, þvī at nū hęfi ek
20 dręgit Dāins-leif, er dvergarnir görðu, er manns bani skal
verða, hvęrt sinn er bęrt er, ok aldri bilar ī hǫggvi, ok ekki
sār grœr, ef þar skeinisk af.' Þā svarar Hēðinn: 'sverði
hœlir þū þar, en eigi sigri; þat kalla ek gott hvęrt er drōttin-
holt er.' Þā hōfu þeir orrostu þā er Hjaðninga-vīg er kallat,
25 ok bǫrðusk þann dag allan, ok at kveldi fōru konungar til

skipa. En Hildr gekk of náttina til valsins, ok vakði upp
með fjǫlkyngi alla þá er dauðir váru; ok annan dag gengu
konungarnir á víg-vǫllinn ok bǫrðusk, ok svá allir þeir er
fellu hinn fyrra daginn. Fôr svá sú orrosta hvęrn dag ęptir
annan, at allir þeir er fellu, ok ǫll vápn þau er lágu á vígvęlli, 30
ok svá hlífar, urðu at grjóti. En er dagaði, stóðu upp allir
dauðir męnn, ok bǫrðusk, ok ǫll vápn váru þá nȳ. Svá er
sagt í kvæðum, at Hjaðningar skulu svá bíða ragna-rökrs.

VI.

THE DEATH OF OLAF TRYGGVASON.

Sveinn konungr tjūgu-skęgg ātti Sigrīði hina stōr-rāðu.
Sigrīðr var hinn mesti ū-vinr Ōlāfs konungs Tryggva-sonar;
ok fann þat til saka at Ōlāfr konungr hafði slitit einka-mālum
við hana, ok lostit hana ī and-lit. Hon ęggjaði mjǫk Svein
5 konung til at halda orrostu við Ōlāf konung Tryggvason, ok
kom hon svā sīnum for-tǫlum at Sveinn konungr var full-
kominn at gǫra þetta rāð. Ok snimma um vārit sęndi
Sveinn konungr męnn austr til Svī-þjōðar ā fund Ōlāfs
konungs Svīa-konungs, māgs sīns, ok Eirīks jarls; ok lēt sęgja
10 þeim at Ōlāfr, Noregs konungr, hafði leiðangr ūti, ok ætlaði
at fara um sumarit til Vind-lands. Fylgði þat orð-sęnding
Dana-konungs, at þeir Svīakonungr ok Eirīkr jarl ṣkyldi
hęr ūti hafa, ok fara til mōts við Svein konung, skyldu
þeir þā allir samt lęggja til orrostu við Ōlāf konung Tryggva-
15 son. En Ōlāfr Svīakonungr ok Eirīkr jarl vāru þessar
fęrðar al-būnir, ok drōgu þā saman skipa-hęr mikinn af Svīa-
vęldi, fōru þvī liði suðr til Dan-markar, ok kvāmu þar svā,
at Ōlāfr konungr · Tryggvason hafði āðr austr siglt. Þeir
Svīakonungr ok Eirīkr jarl heldu til fundar við Danakonung,
20 ok hǫfðu þā allir saman ū-grynni hęrs.

Sveinn konungr, þā er hann hafði sęnt ęptir hęrinum,
þā sęndi hann Sigvalda jarl til Vindlands at njōsna um fęrð
Ōlāfs konungs Tryggvasonar, ok gildra svā til, at fundr
þeira Sveins konungs mætti verða. Fęrr þā Sigvaldi jarl

leið sīna, ok kom fram ā Vindlandi, fōr til Jōmsborgar, ok 25
sīðan ā fund Ōlāfs konungs Tryggvasonar.   Vāru þar mikil
vināttu-māl þeira ā meðal, kom jarl sēr ī hinn mesta kærleik
við Ōlāf konung. Āstrīðr kona jarls, dōttir Burizleifs konungs,
var vinr mikill Ōlāfs konungs, ok var þat mjǫk af hinum
fyrrum tengðum, er Ōlāfr konungr hafði ātt Geiru, systur 30
hennar.   Sigvaldi jarl var maðr vitr ok rāðugr ; en er hann
kom sēr ī rāða-gerð við Ōlāf konung, þā dvalði hann mjǫk
ferðina hans austan at sigla, ok fann til þess mjǫk ȳmsa hluti.
En lið Ōlāfs konungs lēt geysi illa, ok vāru menn mjǫk
heim-fūsir, er þeir lāgu albūnir, en veðr byr-væn.   Sigvaldi 35
jarl fekk njōsn leyniliga af Danmǫrk, at þā var austan kominn
herr Svīakonungs, ok Eirīkr jarl hafði þā ok būinn sinn her,
ok þeir hǫfðingjarnir mundu þā koma austr undir Vindland,
ok þeir hǫfðu ā kveðit, at þeir mundu bīða Ōlāfs konungs
við ey þā er Svǫlðr heitir, svā þat, at jarl skyldi svā til stilla, 40
at þeir mætti þar finna Ōlāf konung.

     Þā kom pati nakkvarr til Vindlands, at Sveinn Dana-
konungr hefði her ūti, ok gǫrðisk brātt sā kurr, at Sveinn
Danakonungr mundi vilja finna Ōlāf konung.   En Sigvaldi
jarl segir konungi : 'ekki er þat rāð Sveins konungs at 45
leggja til bardaga við þik með Dana-her einn saman, svā
mikinn her sem þēr hafið.   En ef yðr er nakkvarr grunr ā
því, at ū-friðr muni fyrir, þā skal ek fylgja yðr með mīnu
liði, ok þōtti þat styrkr vera fyrr, hvar sem Jōms-vīkingar
fylgðu hǫfðingjum ; mun ek fā þēr ellifu skip vel skipuð.' 50
Konungr jātti þessu.   Var þā lītit veðr ok hag-stœtt ; lēt
konungr þā leysa flotann, ok blāsa til brott-lǫgu.   Drōgu
menn þā segl sīn, ok gengu meira smā-skipin ǫll, ok sigldu
þau undan ā haf ūt.   En jarl sigldi nær konungs-skipinu,
ok kallaði til þeira, bað konung sigla eptir sēr : 'mēr er 55
kunnast,' segir hann, ' hvar djūpast er um eyja-sundin, en
þēr munuð þess þurfa með þau in stōru skipin.'   Sigldi

þā jarl fyrir með sīnum skipum. Hann hafði ellifu skip,
en konungr sigldi ꬴptir honum með sīnum stōr-skipum,
60 hafði hann þar ok ellifu skip, en allr annarr hꬴrrinn sigldi
ūt ā hafit. En er Sigvaldi jarl sigldi utan at Sv꬯lðr, þā
röri ā mōti þeim skūta ein. Þeir sꬴgja jarli at hꬴrr Dana-
konungs lā þar ī h꬯fninni fyrir þeim. Þā lēt jarl hlaða
seglunum, ok rōa þeir inn undir eyna.
65 Sveinn Danakonungr ok Ōlāfr Svīakonungr ok Eirīkr
jarl vāru þar þā með allan hꬴr sinn; þā var fagrt veðr
ok bjart sōl-skin. Gengu þeir nū upp ā hōlminn allir
h꬯fðingjar með miklar sveitir manna, ok sā er skipin sigldu
ūt ā hafit mj꬯k m꬯rg saman. Ok nū sjā þeir hvar siglir
70 eitt mikit skip ok glæsiligt; þā mæltu bāðir konungarnir:
'þetta er mikit skip ok ākafliga fagrt, þetta mun vera Ormrinn
langi.' Eirīkr jarl svarar ok sꬴgir: 'ekki er þetta Ormr hinn
langi.' Ok svā var sem hann sagði; þetta skip ātti Eindriði
af Gimsum. Lītlu sīðar sā þeir hvar annat skip sigldi miklu
75 meira en hit fyrra. Þā mælti Sveinn konungr: 'hræddr er
Ōlāfr Tryggvason nū, eigi þorir hann at sigla með h꬯fuðin
ā skipi sīnu.' Þā sꬴgir Eirīkr jarl: 'ꬴkkl er þetta konungs
skip, kꬴnni ek þetta skip ok seglit, þvī at stafat er seglit, þat
ā Erlingr Skjālgsson; lātum sigla þā, bꬴtra er oss skarð ok
80 missa ī flota Ōlāfs konungs en þetta skip þar svā būit.' En
stundu sīðar sā þeir ok kꬴndu skip Sigvalda jarls, ok viku
þau þannig at hōlmanum. Þā sā þeir hvar sigldu þrjū skip,
ok var eitt mikit skip. Mælti þā Sveinn konungr, biðr þā
ganga til skipa sinna, sꬴgir at þar fꬴrr Ormrinn langi. Eirīkr
85 jarl mælti: 'm꬯rg hafa þeir ꬯nnur stōr skip ok glæsilig en
Orm hinn langa, bīðum ꬴnn.' Þā mæltu mj꬯k margir mꬴnn:
'eigi vill Eirīkr jarl nū bꬴrjask, ok hꬴfna f꬯ður sīns; þetta
er sk꬯mm mikil, svā at spyrjask mun um ꬯ll l꬯nd, ef vēr
liggjum hēr með jafn-miklu liði, en Ōlāfr konungr sigli ā
90 hafit ūt hēr hjā oss sjālfum.' En er þeir h꬯fðu þetta talat

um hríð, þá sá þeir hvar sigldu fjogur skip, ok eitt af
þeim vàr dręki all-mikill ok mjǫk gull-búinn. Þá stöð upp
Sveinn konungr, ok mælti: 'hátt mun Ormrinn bera mik í
kveld, honum skal ek stýra.' Þa mæltu margir, at Ormrinn
var furðu mikit skip ok frítt, ok rausn mikil at láta göra 95
slíkt skip. Þá mælti Eiríkr jarl, svá at nakkvarir męnn
heyrðu: 'þótt Ólàfr konungr hęfði ekki meira skip en þetta,
þá mundi Sveinn konungr þat aldri fá af honum með einn
saman Danahęr.' Dreif þá fólkit til skipanna, ok ráku af
tjǫldin, ok ætluðu at búask skjótliga. En er hǫfðingjar rœddu 100
þetta milli sín, sem nú er sagt, þá sá þeir, hvar sigldu þrjú
skip all-mikil, ok fjórða síðast, ok var þat Ormrinn langi.
En þau hin stóru skip, er áðr hǫfðu siglt, ok þeir hugðu
at Ormrinn væri, þat var hit fyrra Traninn, en hit síðara
Ormrinn skammi. En þá er þeir sá Orminn langa, kęndu 105
allir, ok mælti þá engi í mót, at þar mundi sigla Ólàfr
Tryggvason; gengu þá til skipanna, ok skipuðu til at-
lǫgunnar. Váru þat einkamál þeira hǫfðingja, Sveins konungs,
Ólàfs konungs, Eiríks jarls, at sinn þriðjung Noregs skyldi
eignask hvęrr þeira, ef þeir fęldi Ólàf konung.Tryggvason; 110
en sá þeira hǫfðingja er fyrst gengi á Orminn, skyldi eignask
alt þat hlut-skipti er þar fengisk, ok hvęrr þeira þau skip
er sjálfr hryði. Eiríkr jarl hafði barða einn geysi mikinn,
er hann var vanr at hafa í víking; þar var skęgg á ofan-
verðu barðinu hvárutvęggja, en niðr frá járn-spǫng þykk ok 115
svá breið sem barðit, ok tók alt í sæ ofan.

　Þá er þeir Sigvaldi jarl róru inn undir hólminn, þá sá
þat þeir Þorkęll dyðrill af Trananum ok aðrir skip-stjórn-
ar-męnn, þeir er með honum fóru, at jarl snöri skipum
undir hólmann; þá hlóðu þeir ok seglum, ok róru ęptir 120
honum, ok kǫlluðu til þeira, spurðu, hví þeir fóru svá. Jarl
sęgir, at hann vill bíða Ólàfs konungs: 'ok er meiri ván at
úfriðr sé fyrir oss.' Létu þeir þá fljóta skipin, þar til er

Þorkęll nęfja kom með Orminn skamma, ok þau þrjū skip
125 er honum fylgðu. Ok vāru þeim sǫgð hin sǫmu tīðindi ;
hlōðu þeir þā ok sīnum seglum, ok lētu fljōta, ok biðu
Ōlāfs konungs. En þā er konungrinn sigldi innan at hōl-
manum, þā rōri allr hęrrinn ūt ā sundit fyrir þā. En er
þeir sā þat, þā bāðu þeir konunginn sigla leið sīna, en
130 lęggja eigi til orrostu við svā mikinn hęr. Konungr svarar
hātt, ok stōð upp ī lyptingunni : ' lāti ofan seglit, ekki skulu
mīnir męnn hyggja ā flōtta, ek hęfi aldri flȳit ī orrostu, rāði
Guð fyrir līfi mīnu, en aldri mun ek ā flōtta lęggja.' Var svā
gört sem konungr mælti.
135   Ōlāfr konungr lēt blāsa til sam-lǫgu ǫllum skipum sīnum.
Var konungs skip ī miðju liði, en þar ā annat borð Ormrinn
skammi, en ā annat borð Traninn. En þā er þeir tōku
at tęngja stafna ā Orminum langa ok Orminum skamma,
ok er konungr sā þat, kallaði hann hātt, bað þā lęggja
140 fram bętr hit mikla skipit, ok lāta þat eigi aptast vera allra
skipa ī hęrinum. Þā svarar Ūlfr hinn rauði : 'ef Orminn
skal þvī lęngra fram lęggja, sem hann er lęngri en ǫnnur
skip, þā mun·ā-vint verða um sǫxin ī dag.' Konungr sęgir :
' eigi vissa ek at ek ætta stafnbūann bæði rauðan ok ragan.'
145 Ūlfr mælti : 'vęr þū eigi meir baki lyptingina en ek mun
stafninn.' Konungr helt ā boga, ok lagði ǫr ā stręng, ok
snöri at Ūlfi. Ūlfr mælti : 'skjōt annan veg, konungr ! þannig
sem meiri er þǫrfin ; þēr vinn ek þat er ek vinn.'
    Ōlāfr konungr stōð ī lyptingu ā Orminum, bar hann hātt
150 mjǫk ; hann hafði gyltan skjǫld ok gull-roðinn hjālm ; var
hann auð-kęndr frā ǫðrum mǫnnum : hann hafði rauðan
kyrtil stuttan utan yfir brynju. En er Ōlāfr konungr sā at
riðluðusk flotarnir, ok upp vāru sętt męrki fyrir hǫfðingjum,
þā spyrr hann : 'hvęrr er hǫfðingi fyrir liði þvī er gęgnt
155 oss er ?' Honum var sagt at þar var Sveinn konungr
tjūguskęgg með Danahęr. Konungr svarar : 'ekki hræðumk

vēr bleyður þær, engi er hugr í Dǫnum. En hvęrr hǫfðingi
fylgir þeim męrkjum er þar eru ūt ífrā ā hœgra veg?' Honum
var sagt at þar var Ōlāfr konungr með Svīa-hęr.   Ōlāfr
konungr sęgir : 'bętra væri Svīum heima at sleikja um blōt- 160
bolla sīna en ganga ā Orminn undir vāpn yður.   En hvęrir
eigu þau hin stōru skip, er þar liggja ūt ā bak-borða Dǫnum?'
'Þar er,' sęgja þeir 'Eirīkr jarl Hākonar-son.'   Þā svaraði
Ōlāfr konungr : 'hann mun þykkjask eiga við oss skapligan
fund, ok oss er vān snarpligrar orrostu af þvī liði; þeir eru 165
Norð-męnn, sem vēr erum.'

Sīðan greiða konungar at-rōðr.   Lagði Sveinn konungr
sitt skip mōti Orminum langa, en Ōlāfr konungr Sœnski
lagði ūt frā, ok stakk stǫfnum at yzta skipi Ōlāfs konungs
Tryggvasonar, en ǫðrum megin Eirīkr jarl.   Tōksk þar þā 170
hǫrð orrosta.   Sigvaldi jarl lēt skotta við sīn skip, ok lagði
ekki til orrostu.

Þessi orrosta var hin snarpasta ok all-mann-skœð.   Fram-
byggjar ā Orminum langa ok Orminum skamma ok Trananum
fœrðu akkeri ok stafn-ljā ī skip Sveins konungs, en āttu 175
vāpnin at bera niðr undir fœtr sēr; hruðu þeir ǫll þau skip
er þeir fengu haldit.   En konungrinn Sveinn ok þat lið er
undan komsk flȳði ā ǫnnur skip, ok þar næst lǫgðu þeir
frā ōr skot-māli.   Ok fōr þessi hęrr svā sem gat Ōlāfr
konungr Tryggvason.   Þā lagði þar at ī staðinn Ōlāfr 180
Svīakonungr ; ok þegar er þeir koma nær stōrskipum, þā
fōr þeim sem hinum, at þeir lētu lið mikit ok sum skip sīn,
ok lǫgðu frā við svā būit.   En Eirīkr jarl sī-byrði Barðanum
við hit yzta skip Ōlāfs konungs, ok hrauð hann þat, ok hjō
þegar þat ōr tęngslum, en lagði þā at þvī, er þar var næst, 185
ok barðisk til þess er þat var hroðit.   Tōk þā liðit at hlaupa
af hinum smærum skipunum, ok upp ā stōrskipin.   En Eirīkr
jarl hjō hvęrt ōr tęngslunum, svā sem hroðit var.   En Danir
ok Svīar lǫgðu þā ī skotmāl ok ǫllum megin at skipum Ōlāfs

F

190 konungs, en Eiríkr jarl lá ávalt síbyrt við skipin, ok átti
hǫgg-orrostu.　En svá sem mǫnn fellu á skipum hans, þá
gengu aðrir upp í staðinn, Svíar ok Danir.　Þá var orrosta
hin snarpasta, ok fell þá mjǫk liðit, ok kom svá at lykðum,
at ǫll váru hroðin skip Ólāfs konungs Tryggvasonar nema
195 Ormrinn langi; var þar þá alt lið á komit, þat er vígt var
hans manna.　Þá lagði Eiríkr jarl Barðanum at Orminum
langa síbyrt, ok var þar hǫggorrosta.

Eiríkr jarl var í fyrir-rūmi á skipi sínu, ok var þar fylkt
með skjald-borg.　Var þá bæði hǫggorrosta, ok spjótum lagit,
200 ok kastat ǫllu því er til vápna var, en sumir skutu boga-skoti
eða hand-skoti.　Var þá svá mikill vápnaburðr á Orminn, at
varla mátti hlífum við koma, er svá þykt flugu spjót ok ǫrvar;
því at ǫllum megin lǫgðu hérskip at Orminum.　En mǫnn
Ólāfs konungs váru þá svá óðir, at þeir hljópu upp á borðin,
205 til þess at ná með sverðs-hǫggum at drepa fólkit.　En margir
lǫgðu eigi svá undir Orminn, at þeir vildi í hǫggorrostu vera.
En Ólāfs mǫnn gengu flestir út af borðunum, ok gáðu eigi
annars en þeir berðisk á sléttum velli, ok sukku niðr með
vápnum sínum.

210　　Einarr þambar-skelfir var á Orminum aptr í krappa-rūmi;
hann skaut af boga, ok var allra manna harð-skeytastr.
Einarr skaut at Eiríki jarli, ok laust í stýris-hnakkann fyrir
ofan hǫfuð jarli, ok gekk alt upp á reyr-bǫndin.　Jarl leit til,
ok spurði ef þeir vissi, hverr skaut.　En jafn-skjótt kom
215 ǫnnur ǫr svá nær jarli, at flaug milli síðunna ok handarinnar,
ok svá aptr í hǫfða-fjǫlina, at langt stóð út broddrinn.　Þá
mælti jarl við mann þann er sumir nefna Finn, en sumir
segja at hann væri Finskr, sá var hinn mesti bog-maðr:
'skjót-tu mann þann hinn mikla í krapparūminu!'　Finnr
220 skaut, ok kom ǫrin á boga Einars miðjan, í því bili er Einarr
dró it þriðja sinn bogann.　Brast þá boginn í tvá hluti.　Þá
mælti Ólāfr konungr: 'hvat brast þar svá hátt?'　Einarr

svarar : ' Noregr ōr hẹndi þēr, konungr l' ' Eigi mun svā
mikill brestr at orðinn,' sẹgir konungr, ' tak boga minn, ok
skjōt af,' ok kastaði boganum til hans. Einarr tōk bogann; 225
ok drō þegar fyrir odd ọrvarinnar, ok mælti : ' ofveikr,
ofveikr allvalds boginn l' ok kastaði aptr boganum ; tōk þā
skjọld sinn ok sverð, ok barðisk.

Ōlāfr konungr Tryggvason stōð ī lypting ā Orminum, ok
skaut optast um daginn, stundum bogaskoti, en stundum 230
gaflọkum, ok jafnan tveim sẹnn. Hann sā fram ā skipit, ok
sā sīna mẹnn reiða sverðin ok họggva tītt, ok sā at illa bitu ;
mælti þā hātt : ' hvārt reiði þēr svā slæliga sverðin, er ek sē
at ekki bīta yðr ?' Maðr svarar : ' sverð vār eru slæ ok
brotin mjọk.' Þā gekk konungr ofan ī fyrirrūmit ok lauk 235
upp hāsætis-kistuna, tōk þar ōr mọrg sverð hvọss, ok fekk
mọnnum. En er hann tōk niðr hinni hœgri hẹndi, þā sā
mẹnn at blōð rann ofan undan bryn-stūkunni ; en engi vissi
hvar hann var sārr.

Mest var vọrnin ā Orminum ok mannskœðust af fyrirrūms- 240
mọnnum ok stafnbūum ; þar var hvārttvẹggja, valit mest
mann-fōlkit ok hæst borðin. En lið fell fyrst um mitt skipit.
Ok þā er fātt stōð manna upp um siglu-skeið, þā rēð Eirīkr
jarl til upp-gọngunnar, ok kom upp ā Orminn við fimtānda
mann. Þā kom ī mōt honum Hyrningr, māgr Ōlāfs konungs, 245
með sveit manna, ok varð þar inn harðasti bardagi, ok lauk
svā, at jarl hrọkk ofan aptr ā Barðann ; en þeir mẹnn er
honum họfðu fylgt fellu sumir, en sumir vāru særðir. Þar
varð ẹnn in snarpasta orrosta, ok fellu þā margir mẹnn ā
Orminum. En er þyntisk skipan ā Orminum til varnarinnar, 250
þā rēð Eirīkr jarl annat sinn til uppgọngu ā Orminn. Varð
þā ẹnn họrð við-taka. En er þetta sā stafnbūar ā Orminum,
þā gengu þeir aptr ā skipit, ok snūask til varnar mōti jarli, ok
veita harða viðtọku. En fyrir þvī at þā var svā mjọk fallit
lið ā Orminum, at viða vāru auð borðin, tōku þā jarls mẹnn 255

víða upp at ganga. En alt þat lið er þá stöð upp til varnar
á Orminum sötti aptr á skipit, þar sem konungr var.

Kolbjǫrn stallari gekk upp í lypting til konungs; þeir
hǫfðu mjǫk líkan klæða-búnað ok vápna, Kolbjǫrn var ok
260 allra manna mestr ok fríðastr. Varð nú ęnn í fyrirrúminu
in snarpasta orrosta. En fyrir þá sǫk at þá var svá mikit
fólk komit upp á Orminn af liði jarls sem vera mátti á skipinu,
en skip hans lǫgðu at ǫllum megin utan at Orminum, en
lítit fjǫl-męnni til varnar móti svá miklum hęr, nú þótt þeir
265 męnn væri bæði stęrkir ok frœknir, þá fellu nú flestir á lítilli
stundu. En Ólafr konungr sjálfr ok þeir Kolbjǫrn báðir
hljópu þá fyrir borð, ok á sitt borð hvárr. En jarls męnn
hǫfðu lagt utan at smá-skútur, ok drápu þá er á kaf hljópu.
Ok þá er konungr sjálfr hafði á kaf hlaupit, vildu þeir taka
270 hann hǫndum, ok fœra Eiríki jarli. En Ólafr konungr brá
yfir sik skildinum, ok steypðisk í kaf; en Kolbjǫrn stallari
skaut undir sik skildinum, ok hlífði sér svá við vápnum er
lagt var af skipum þeim er undir lágu, ok fell hann svá
á sæinn at skjǫldrinn varð undir honum, ok komsk hann því
275 eigi í kaf svá skjótt, ok varð hann hand-tękinn ok dręginn
upp í skútuna, ok hugðu þeir at þar væri konungrinn. Var
hann þá leiddr fyrir jarl. En er þess varð jarl varr at þar
var Kolbjǫrn, en eigi Ólafr konungr, þá váru Kolbirni grið
gefin. En í þessi svipan hljópu allir fyrir borð af Orminum,
280 þeir er þá váru á lífi, Ólafs konungs męnn; ok sęgir Hall-
freðr vandræða-skáld, at Þorkęll nęfja, konungs bróðir, hljóp
síðast allra manna fyrir borð.

Svá var fyrr ritat, at Sigvaldi jarl kom til fǫruneytis við
Ólaf konung í Vindlandi, ok hafði tíu skip, en þat hit ellifta,
285 er á váru męnn Ástríðar konungs-dóttur, konu jarls   En
þá er Ólafr konungr hafði fyrir borð hlaupit, þá œpði
hęrrinn allr sigr-óp, ok þá lustu þeir árum í sæ Sigvaldi
jarl ok hans męnn, ok rǫru til bardaga. En sú Vinda-

snɛkkjan, er Ãstrīðar mɛnn vāru ā, röri brott ok aptr undir
Vindland; ok var þat margra manna māl þegar, at Ōlāfr 190
konungr mundi hafa steypt af sēr brynjunni ī kafi, ok kafat
svā ūt undan langskipunum, lagizk sīðan til Vindasnɛkkj-
unnar, ok hɛfði mɛnn Ãstrīðar flutt hann til lands. Ok
eru þar margar frā-sagnir um fɛrðir Ōlāfs konungs görvar
sīðan af sumum mɛnnum. En hvɛrn veg sem þat hɛfir 195
verit, þā kom Ōlāfr konungr Tryggvason aldri sīðan til rīkis
ī Noregi.

VII.

AUÐUN.

Maðr hēt Auðun, Vest-firzkr at kyni ok fē-lītill; hann fōr
utan vestr þar ī fjǫrðum með um-rāði Þorsteins bōnda gōðs,
ok Þōris stȳri-manns, er þar hafði þegit vist of vetrinn með
Þorsteini. Auðun var ok þar, ok starfaði fyrir honum Þōri,
5 ok þā þessi laun af honum—utan-fęrðina ok hans um-sjā.
Hann Auðun lagði mestan hluta fjār þess er var fyrir mōður
sīna, āðr hann stigi ā skip, ok var kveðit ā þriggja vetra
bjǫrg. Ok nū fara þeir utan heðan, ok fęrsk þeim vel, ok
var Auðun of vetrinn ęptir með Þōri stȳrimanni; hann ātti
10 bū ā Mœri. Ok um sumarit ęptir fara þeir ūt til Grœn-lands,
ok eru þar of vetrinn. Þess er við getit at Auðun kaupir
þar bjarn-dȳri eitt, görsimi mikla, ok gaf þar fyrir alla
eigu sīna. Ok nū of sumarit ęptir þā fara þeir aptr til
Noregs, ok verða vel reið-fara; hęfir Auðun dȳr sitt með
15 sēr, ok ætlar nū at fara suðr til Danmęrkr ā fund Sveins
konungs, ok gefa honum dȳrit. Ok er hann kom suðr ī
landit, þar sem konungr var fyrir, þā gęngr hann upp af
skipi, ok leiðir ęptir sēr dȳrit, ok leigir sēr hęr-bęrgi. Haraldi
konungi var sagt brātt at þar var komit bjarndȳri, görsimi
20 mikil, 'ok ā Īs-lęnzkr maðr.' Konungr sęndir þegar męnn
ęptir honum, ok er Auðun kom fyrir konung, kvęðr hann
konung vel; konungr tōk vel kvęðju hans, ok spurði sīðan :
'āttu görsimi mikla ī bjarndȳri?' Hann svarar, ok kvezk
eiga dȳrit eitthvęrt. Konungr mælti : 'villtu sęlja oss dȳrit

við slíku verði sem þú keyptir?' Hann svarar: 'eigi vil ek 25
þat, herra!' 'Villtu þá,' segir konungr, 'at ek gefa þér tvau
verð slík, ok mun þat réttara, ef þú hefir þar við gefit alla
þína eigu.' 'Eigi vil ek þat, herra!' segir hann. Konungr
mælti: 'villtu gefa mér þá?' Hann svarar: 'eigi, herra!'
Konungr mælti: 'hvat villtu þá af göra?' Hann svarar: 30
'fara,' segir hann, 'til Danmerkr, ok gefa Sveini konungi.'
Haraldr konungr segir: 'hvárt er, at þú ert maðr svá úvitr
at þú hefir eigi heyrt úfrið þann er í milli er landa þessa,
eða ætlar þú giptu þína svá mikla, at þú munir þar komask
með görsimar, er aðrir fá eigi komizk klakk-laust, þó at 35
nauð-syn eigi til?' Auðun svarar: 'herra! þat er á yðru
valdi, en engu játum vér öðru en þessu er vér höfum áðr
ætlat.' Þá mælti konungr: 'hví mun eigi þat til, at þú farir
leið þína, sem þú vill, ok kom þá til mín, er þú ferr aptr,
ok seg mér, hversu Sveinn konungr launar þér dýrit, ok 40
kann þat vera, at þú sér gæfu-maðr.' 'Því heit ek þér,'
sagði Auðun.

Hann ferr nú síðan suðr með landi, ok í Vík austr, ok þá
til Danmerkr; ok er þá uppi hverr penningr fjárins, ok verðr
hann þá biðja matar bæði fyrir sik ok fyrir dýrit. Hann 45
kömr á fund ár-manns Sveins konungs, þess er Áki hét,
ok bað hann vista nakkvarra bæði fyrir sik ok fyrir dýrit:
'ek ætla,' segir hann, 'at gefa Sveini konungi dýrit.' Áki
lézk selja myndu honum vistir, ef hann vildi. Auðun kvezk
ekki til hafa fyrir at gefa; 'en ek vilda þó,' segir hann, 'at 50
þetta kvæmisk til leiðar at ek mætta dýrit fœra konungi.'
'Ek mun fá þér vistir, sem it þurfið til konungs fundar;
en þar í móti vil ek eiga hálft dýrit, ok máttu á þat líta,
at dýrit mun deyja fyrir þér, þars it þurfuð vistir miklar, en
fé sé farit, ok er búit við at þú hafir þá ekki dýrsins.' Ok 55
er hann lítr á þetta, sýnisk honum nakkvat eptir sem
ármaðrinn mælti fyrir honum, ok sættask þeir á þetta, at

hann sęlr Āka hālft dȳrit, ok skal konungr sīðan meta alt
saman. Skulu þeir fara bāðir nū ā fund konungs; ok svā
60 göra þeir: fara nū bāðir ā fund konungs, ok stöðu fyrir
borðinu. Konungr īhugaði, hvęrr þessi maðr myndi vera,
er hann kęndi eigi, ok mælti sīðan til Auðunar: 'hvęrr
er-tu?' sęgir hann. Hann svarar: 'ek em Īslęnzkr maðr,
herra,' sęgir hann, 'ok kominn nū utan af Grœnlandi, ok nū
65 af Noregi, ok ætlaða-k at fœra yðr bjarndȳri þetta; keypta-k
þat með allri eigu minni, ok nū er þō ā orðit mikit fyrir
mēr; ek ā nū hālft eitt dȳrit,' ok sęgir konungi sīðan, hvęrsu
farit hafði með þeim Āka ārmanni hans. Konungr mælti:
'er þat satt, Āki, er hann sęgir?' 'Satt er þat,' sęgir hann.,
70 Konungr mælti: 'ok þōtti þēr þat til liggja, þar sem ek
sętta-k þik mikinn mann, at hępta þat eða tālma er maðr
görðisk til at fœra mēr görsimi, ok gaf fyrir alla eign, ok
sā þat Haraldr konungr at rāði at lāta hann fara ī friði, ok er
hann vārr ūvinr? Hygg þū at þā, hvē sannligt þat var þinnar
75 handar, ok þat væri makligt, at þū værir drepinn; en ek
mun nū eigi þat göra, en braut skaltu fara þegar ōr landinu,
ok koma aldri aptr sīðan mēr ī aug-sȳn! En þēr, Auðun!
kann ek slīka þǫkk, sem þū gefir mēr alt dȳrit, ok ver hēr
með mēr.' Þat þękkisk hann, ok er með Sveini konungi
80 um hrīð.

Ok er liðu nakkvarir stundir, þā mælti Auðun við konung:
'braut fȳsir mik nū, herra!' Konungr svarar hęldr seint:
'hvat villtu þā,' sęgir hann, 'ef þū vill eigi með oss vera?'
Hann sęgir: 'suðr vil ek ganga.' 'Ef þū vildir eigi svā gott
85 rāð taka,' sęgir konungr, 'þā myndi mēr fyrir þykkja ī, er þū
fȳsisk ī braut'; ok nū gaf konungr honum silfr mjǫk mikit,
ok fōr hann suðr sīðan með Rūm-fęrlum, ok skipaði konungr
til um fęrð hans, bað hann koma til sīn, er kvæmi aptr.
Nū fōr hann fęrðar sinnar, unz hann kömr suðr ī Rōma-borg.
90 Ok er hann hęfir þar dvalizk, sem hann tīðir, þā fęrr hann

aptr; tękr þā sōtt mikla, görir hann þā ākafliga magran; gęngr þā upp alt feit þat, er konungr hafði gefit honum til fęrðarinnar; tękr siðan upp staf-karls stīg, ok biðr sēr matar. Hann er þā kollōttr ok hęldr ū-sælligr; hann kömr aptr ī Danmörk at pāskum, þangat sem konungr er þā 95 staddr; en ei þorði hann at lāta sjā sik; ok var ī kirkju-skoti, ok ætlaði þā til fundar við konung, er hann gengi til kirkju um kveldit; ok nū er hann sā konunginn ok hirðina fagrliga būna, þā þorði hann eigi at lāta sjā sik. Ok er konungr gekk til drykkju ī hǫllina, þā mataðisk Auðun 100 ūti, sem siðr er til Rūmfęrla, meðan þeir hafa eigi kastat staf ok skreppu. Ok nū of aptaninn, er konungr gekk til kveld-sǫngs, ætlaði Auðun at hitta hann, ok svā mikit sem honum þōtti fyrr fyrir, jōk nū miklu ā, er þeir vāru druknir hirðmęnninir; ok er þeir gengu inn aptr, þā þękði konungr 105 mann, ok þōttisk finna at eigi hafði frama til at ganga fram at hitta hann. Ok nū er hirðin gekk inn, þā veik konungr ūt, ok mælti: ʻgangi sā nū fram, er mik vill finna; mik grunar at sā muni vera maðrinn.' Þā gekk Auðun fram, ok fell til fōta konungi, ok varla kęndi konungr hann; ok 110 þegar er konungr veit, hvęrr hann er, tōk konungr ī hǫnd honum Auðuni, ok bað hann vel kominn, ʻok hęfir þū mikit skipazk,' segir hann, ʻsiðan vit sāmk'; leiðir hann ęptir sēr inn, ok er hirðin sā hann, hlōgu þeir at honum; en konungr sagði: ʻeigi þurfu þēr at honum at hlæja, þvī at bętr hęfir 115 hann sēt fyr sinni sāl hęldr en ēr.' Þā lēt konungr göra honum laug, ok gaf honum siðan klæði, ok er hann nū með honum. Þat er nū sagt einhvęrju sinni of vārit at konungr bȳðr Auðuni at vera með sēr ā-lęngðar, ok kvezk myndu göra hann skutil-svein sinn, ok lęggja til hans gōða virðing. 120 Auðun sęgir: ʻGuð þakki yðr, herra! sōma þann allan er þēr vilið til mīn lęggja; en hitt er mēr ī skapi at fara ūt til Íslands.' Konungr sęgir: ʻþetta sȳnisk mēr undarliga

kosit.' Auðun mælti : 'eigi mā ek þat vita, herra !' sęgir
125 hann, 'at ek hafa hēr mikinn sōma með yðr, en mōðir mīn
troði stafkarls stīg ūt ā Íslandi ; þvī at nū er lokit bjǫrg þeiri
er ek lagða til, āðr ek fœra af Íslandi.' Konungr svarar :
'vel er mælt,' sęgir hann, 'ok mannliga, ok muntu verða
giptu-maðr; þessi einn var svā hlutrinn, at mēr myndi eigi
130 mis-līka at þū fœrir ī braut heðan ; ok ver nū með mēr þar til
er skip būask.' Hann görir svā.

Einn dag, er ā leið vārit, gekk Sveinn konungr ofan ā
bryggjur, ok vāru męnn þā at, at būa skip til ȳmissa landa,
ī austr-veg eða Sax-land, til Svīþjōðar eða Noregs. Þā koma
135 þeir Auðun at einu skipi fǫgru, ok vāru męnn at, at būa
skipit. Þā spurði konungr : 'hvęrsu līzk þēr, Auðun ! ā
þetta skip ?' Hann svarar : 'vel, herra !' Konungr mælti :
'þetta skip vil ek þēr gefa, ok launa bjarndȳrit.' Hann
þakkaði gjǫfina ęptir sinni kunnustu ; ok er leið stund, ok
140 skipit var albūit, þā mælti Sveinn konungr við Auðun : 'þō
villtu nū ā braut, þā mun ek nū ekki, lętja þik, en þat hęfi ek
spurt, at ilt er til hafna fyrir landi yðru, ok eru vīða öræfi ok
hætt skipum ; nū brȳtr þū, ok tȳnir skipinu ok fēnu ; lītt sēr
þat þā ā, at þū hafir fundit Svein konung, ok gefit honum
145 görsimi.' Sīðan sęldi konungr honum leðr-hosu fulla af
silfri, 'ok ertu þā ęnn eigi fē-lauss með ǫllu, þōtt þū brjōtir
skipit, ef þū fær haldit þessu. Verða mā svā ęnn,' sęgir
konungr, 'at þū tȳnir þessu fē; lītt nȳtr þū þā þess, er þū
fannt Svein konung, ok gaft honum görsimi.' Sīðan drō
150 konungr hring af hęndi sēr, ok gaf Auðuni, ok mælti : 'þō
at svā illa verði, at þū brjōtir skipit ok tȳnir fēnu, eigi
ertu fēlauss, ef þū kömsk ā land, þvī at margir męnn hafa
gull ā sēr ī skips-brotum, ok sēr þā at þū hęfir fundit Svein
konung, ef þū hęldr hringinum ; en þat vil ek rāða þēr,'
155 sęgir hann, 'at þū gefir eigi hringinn, nema þū þykkisk eiga
svā mikit gott at launa nǫkkurum gǫfgum manni, þā gef

þeim hringinn, því at tignum mǫnnum sōmir at þiggja, ok
far nū heill !'

Sīðan lætr hann ī haf, ok kömr ī Noreg, ok lætr flytja
upp varnað sinn, ok þurfti nū meira við þat en fyrr, er 160
hann var ī Noregi. Hann fęrr nū sīðan ā fund Haralds
konungs, ok vill ęfna þat er hann hēt honum, āðr hann
fōr til Danmęrkr, ok kvęðr konung vel. Haraldr konungr
tōk vel kvęðju hans, ok ' sęzk niðr,' sęgir hann, ' ok drekk
hēr með oss '; ok svā görir hann. Þā spurði Haraldr kon- 165
ungr : ' hvęrju launaði Sveinn konungr þēr dȳrit ? ' Auðun
svarar : ' því, herra ! at hann þā at mēr.' Konungr sagði :
' launat mynda ek þēr því hafa ; hvęrju launaði hann ęnn ? '
Auðun svarar : ' gaf hann mēr silfr til suðr-gǫngu.' Þā sęgir
Haraldr konungr : ' mǫrgum mǫnnum gefr Sveinn konungr 170
silfr til suðrgǫngu eða annarra hluta, þōtt ekki fœri honum
görsimar ; hvat er ęnn fleira ? ' ' Hann bauð mēr,' sęgir
Auðun, ' at görask skutilsveinn hans, ok· mikinn sōma til
mīn at lęggja.' ' Vel var þat mælt,' sęgir konungr, ' ok
launa myndi hann ęnn fleira.' Auðun sagði : ' gaf hann mēr 175
knǫrr með farmi þeim er hingat er bęzt varit ī Noreg.' ' Þat
var stōr-mannligt,' sęgir konungr, ' en launat mynda ek þēr
því hafa. Launaði hann því fleira ? ' Auðun svaraði : ' gaf
hann mēr leðrhosu fulla af silfri, ok kvað mik þā eigi fēlausan,
ef ek helda því, þō at skip mitt bryti við Īsland.' Konungr 180
sagði : ' þat var ā-gætliga gört, ok þat mynda ek ekki gört
hafa ; lauss mynda ek þykkjask, ef ek gæfa þēr skipit ; hvārt
launaði hann fleira ? ' ' Svā var vīst, herra ! ' sęgir Auðun,
' at hann launaði : hann gaf mēr hring þenna er ek hęfi
ā hęndi, ok kvað svā mega at berask, at ek tȳnda fēnu 185
ǫllu, ok sagði mik þā eigi fēlausan, ef ek ætta hringinn,
ok bað mik eigi lōga, nema ek ætta nǫkkurum tignum manni
svā gott at launa, at ek vilda gefa ; en nū hęfi ek þann
fundit, því at þū āttir kost at taka hvārttvęggja frā mēr,

190 dȳrit ok svā līf mitt, en þū lēzt mik fara þangat ī friði, sem aðrir nāðu eigi.'   Konungr tōk við gjǫfinni með blīðu, ok gaf Auðuni ī mōti gōðar gjafir, āðr en þeir skilðisk. Auðun varði fēnu til Íslands-fęrðar ok fōr ūt þegar um sumarit til Íslands, ok þōtti vera inn mesti gæfumaðr.

VIII.

ÞRYMS-KVIÐA.

1. Vreiðr var þá Ving-þórr, er hann vaknaði,
ok síns hamars of saknaði:
skęgg nam at hrista, skǫr nam at dýja,
rēð Jarðar burr um at þreifask.

2. Ok hann þat orða alls fyrst of kvað: 5
'heyr-ðu nū, Loki! hvat ek nū mæli,
er engi veit jarðar hvęrgi
nē upp-himins: āss er stolinn hamri!'

3. Gengu þeir fagra Freyju tūna,
ok hann þat orða alls fyrst of kvað: 10
'muntu mēr, Freyja! fjaðr-hams ljā,
ef ek minn hamar mætta-k hitta?'

Freyja kvað:

4. 'Þō munda-k gefa þēr, þótt ōr gulli væri,
ok þō sęlja at væri ōr silfri.'   15

5. Flō þā Loki, fjaðrhamr dunði,
unz fyr utan kom āsa garða,
ok fyr innan kom jǫtna heima.

6. Þrymr sat ā haugi, þursa drōttinn,
greyjum sīnum gull-bǫnd snöri   20
ok mǫrum sīnum mǫn jafnaði.

Þrymr kvað :

7. 'Hvat er með āsum? hvat er með ālfum?
   hvī er-tu einn kominn ī Jǫtunheima ?'

      Loki kvað :   25

   'Ilt er með āsum, ilt er með ālfum ;
   hefir þū Hlō-riða hamar of fōlginn ?'

      Þrymr kvað :

8. 'Ek hefi Hlōriða hamar of fōlginn
   ātta rǫstum fyr jǫrð neðan ;   30
   hann engi maðr aptr of heimtir,
   nema fœri mēr Freyju at kvān.'

9. Flō þā Loki, fjaðrhamr dunði,
   unz fyr utan kom jǫtna heima
   ok fyr innan kom āsa garða ;   35
   mœtti hann Þōr miðra garða,
   ok hann þat orða alls fyrst of kvað :

10. 'Hefir þū örindi sem erfiði ?
   seg-ðu ā lopti lǫng tīðindi :
   opt sitjanda sǫgur of fallask,   40
   ok liggjandi lygi of bellir.'

      Loki kvað :

11. 'Hefi-k erfiði ok örindi :
   Þrymr hefir þinn hamar, þursa drōttinn ;
   hann engi maðr aptr of heimtir,   45
   nema honum fœri Freyju at kvān.'

12. Ganga þeir fagra Freyju at hitta,
   ok hann þat orða alls fyrst of kvað :
   'bitt-u þik, Freyja, brūðar līni !
   vit skulum aka tvau ī Jǫtunheima.'   50

13. Vreið varð þā Freyja   ok fnāsaði,
    allr āsa salr   undir bifðisk,
    stǫkk þat it mikla   męn Brīsinga:
    'mik veizt-u verða   ver-gjarnasta,
    ef ek ęk með þēr   ī Jǫtunheima.'   55

14. Sęnn vāru æsir   allir ā þingi
    ok āsynjur   allar ā māli,
    ok of þat rēðu   rīkir tīvar,
    hvē þeir Hlōriða   hamar of sœtti.

15. Þā kvað þat Heimdallr,   hvītastr āsa   60
    (vissi hann vel fram,   sem vanir aðrir):
    'bindum vēr Þōr þā   brūðar līni,
    hafi hann it mikla   męn Brīsinga!

16. Lātum und honum   hrynja lukla
    ok kvenn-vāðir   of knē falla,   65
    en ā brjōsti   breiða steina,
    ok hagliga   of hǫfuð typpum!'

17. Þā kvað þat Þōrr,   þrūðugr āss:
    'mik munu æsir   argan kalla,
    ef ek bindask læt   brūðar līni.'   70

18. Þā kvað þat Loki,   Laufeyjar sonr:
    'þęgi þū [nū], Þōrr!   þeira orða;
    þegar munu jǫtnar   Āsgarð būa,
    nema þū þinn hamar   þēr of heimtir.'

19. Bundu þeir Þōr þā   brūðar līni   75
    ok inu mikla   męni Brīsinga.

20. Lētu und honum   hrynja lukla
    ok kvenn-vāðir   of knē falla,
    en ā brjōsti   breiða steina,
    ok hagliga   of hǫfuð typðu.   80

21. Þā kvað þat Loki, Laufeyjar sonr:
'mun ek ok með þēr ambātt vera,
vit skulum aka tvær ī Jǫtunheima.'

22. Sęnn vāru hafrar heim of reknir,
skyndir at skǫklum, skyldu vel ręnna: 85
bjǫrg brotnuðu, brann jǫrð loga,
ōk Ōðins sonr ī Jǫtunheima.

23. Þā kvað þat Þrymr, þursa drōttinn:
'standið upp, jǫtnar! ok strāið bękki!
nū fœra mēr Freyju at kvān, 90
Njarðar dōttur, ōr Nōa-tūnum.

24. Ganga hēr at garði gull-hyrndar kȳr,
öxn al-svartir jǫtni at gamni;
fjǫlð ā ek meiðma, fjǫlð ā ek męnja,
einnar mēr Freyju āvant þykkir.' 95

25. Var þar at kveldi of komit snimma,
ok fyr jǫtna ǫl fram borit;
einn āt oxa, ātta laxa,
krāsir allar, þær er konur skyldu,
drakk Sifjar verr sāld þrjū mjaðar. 100

26. Þā kvað þat Þrymr, þursa drōttinn:
'hvar sāttu brūðir bīta hvassara?
sāk-a-k brūðir bīta breiðara,
nē inn meira mjǫð mey of drekka.'

27. Sat in al-snotra ambātt fyrir, 105
er orð of fann við jǫtuns māli:
'āt vætr Freyja ātta nāttum,
svā var hon ōð-fūs ī Jǫtunheima.'

28. Laut und līnu, lysti at kyssa,
en hann utan stǫkk ęnd-langan sal: 110
'hvī eru ǫndōtt augu Freyju?
þykkir mēr ōr augum eldr of brenna.'

29. Sat in alsnotra   ambātt fyrir,
    er orð of fann   við jǫtuns māli:
    'svaf vætr Freyja   ātta nāttum,
    svā var hon ōðfūs   ī Jǫtunheima.'

30. Inn kom in arma   jǫtna   systir,
    hin er brūð-fjār   of biðja þorði:
    'lāttu þēr af hǫndum   hringa rauða,
    ef þū ǫðlask vill   āstir mīnar,
    āstir mīnar,   alla hylli!'

31. Þā kvað þat Þrymr,   þursa drōttinn:
    'berið inn hamar   brūði at vīgja,
    lęggið Mjǫllni   ī meyjar knē,
    vīgið okkr saman   Vārar hęndi!'

32. Hlō Hlōriða   hugr ī brjōsti,
    er harð-hugaðr   hamar of þękði;
    Þrym drap hann fyrstan,   þursa drōttin,
    ok ætt jǫtuns   alla lamði.

33. Drap hann ina ǫldnu   jǫtna systur,
    hin er brūðfjār   of beðit hafði;
    hon skell of hlaut   fyr skillinga,
    en hǫgg hamars   fyr hringa fjǫlð.
    Svā kom Ōðins sonr   ęndr at hamri.

115

120

125

130

G

NOTES.

The references marked Gr. are to the paragraphs of the Grammar.

I. THOR.

Line 3. **Hann á þar ríki er þrúð-vangar heita,** 'he reigns (there) where it is called þ.,' i. e. in the place which is called þ. The plur. *heita* agrees with *þrúðvangar*, as in l. 14 below: *þat eru járnglófar*, 'that is (his) iron gloves.'

l. 5. **þat er hús mest, svá at menn hafa gört,** 'that is the largest house, so that men have made (it),' i. e. the largest house that has been built. Note the plur. *hús* of a single house; each chamber was originally regarded as a house, being often a detached building.

l. 13. **spennir þeim,** Gr. § 154; cp. 2. 49.

II. THOR AND ÚTGARÐALOKI.

l. 1. **fór með hafra sína .. ok með honum sá áss er ..** We see here that *með* generally takes an acc. to denote passive, and a dat. to denote voluntary accompaniment.

l. 5. **soðit** refers to some such subst. as *slátr* (meat) understood.

l. 11. **spretti á .. á** is here an adv.

l. 12. **til mergjar.** *til* here implies intention—to get at the marrow.

l. 20. **þat er sá augnanna,** 'the little he saw of the eyes.'— Thor frowned till his eyebrows nearly covered his eyes, and the man felt as if he were going to fall down dead at the mere sight of them.

l. 21. The second **hann** refers, of course, to Thor.

l. 34. **til myrkrs,** till it was dark.

l. 36. **þeir,** the masc. instead of the neut. pl., as in l. 32 foll., showing that *leituðu* is meant to refer only to the men of the party, and not to include Rǫskva. (Gr. § 179).

l. 46. **sér hvar lá maðr,** 'saw where a man lay,' i. e. saw a man lying.

G 2

l. 51. **einu sinni,** for once in his life.

l. 52. **nefndisk Skrymir,** said his name was Skr.

l. 66. **búið til** (*prp.*) **nátt-verðar yðr,** prepare supper for yourselves.

l. 77. **Er þat þér satt at segja.** *satt* is in apposition to *þat*—'that is to be told you as the truth, (namely) that . .'

l. 88. **sjá sik,** see himself alive.

l. 104. **þann** =*þann veg,* that way, course.

l. 108. **at æsirnir bæði þá heila hittask.** The full sense is, 'that Thor and Loki expressed a wish that they and Skrymir might meet again safe and sound.'

ll. 111, 112. **settu hnakkann á bak sér aptr,** threw back the backs of their heads till they touched their backs, i. e. threw back their heads.

l. 118. **œrit stóra,** 'rather big,' i. e. very big.

l. 120. **glotti um tonn,** 'grinned round a tooth,' i. e. showed his teeth in a malicious grin. Two MSS. read *við* instead of *um.*

l. 121. **er annan veg en ek hygg, at** . .? is it otherwise than as I think, namely that . .? i. e. am I not right in thinking that . .?

l. 127. **engi er hér sá inni er** . . =engi er hér-inni sá-er. . .

l. 129. **freista skal,** Gr. § 192.

l. 140. **kallar þess meiri ván at hann sé** . . 'says that there is more probability of that, namely that he is . . than of the contrary,' i. e. says that he will have to be. . .

l. 150. **fóthvatari en svá,** 'more swift-footed than so—under these circumstances,' i. e. than you.

l. 156. **ok er þjálfi eigi þá kominn** . . = þá er þjálfi eigi kominn. . .

l. 172. **at sinni,** this time.

l. 172. **hann,** acc.

l. 173. **laut ór horninu,** bent back from the horn.

l. 188. **mestr** refers to *drykkr* understood.

l. 218. **kalli,** Gr. § 192.

l. 241. **þó** refers to *uni.*

III. BALDER.

l. 7. **engi** agrees with *dómr.*

IV. THE DEATH OF BALDER.

l. 11. **hann,** acc.

l. 20. **ungr,** too young.

l. 31. **ú-happ** is in apposition to *þat;* cp. 3. 7.

ll. 33, 34. **váru með einum hug til** . . had the same feelings towards.

l. 36. **var . . fyrr,** was beforehand, prevented.

l. 42. **vili,** subj. 'whether he will';—change of construction.

l. 55. **nema,** 'unless,' here ='until.'

l. 89. **heim.** This use of *heim* in the sense of ' someone else's home,' is frequent. Cp. our ' drive a nail home.'

l. 94. **svá** refers to *ok ef allir hlutir* . ., the *ok* being pleonastic.

l. 108. **hvar,** cp. 2. 46.

l. 113. **karl,** ' old man,' here = Odin.

V. HÉÐINN AND HEGNI.

l. 6. **Héðinn** = hann ; this use of a proper name instead of a pronoun is frequent.

l. 9. **þar.** Cp. 1. 3.

VI. THE DEATH OF OLAF TRYGGVASON.

l. 17. **svá at,** so that, i. e. just when.

l. 30. **er,** namely that.

l. 33. **austan at sigla** is in a kind of apposition to *ferðina.*

l. 40. **svá,** also.

l. 48. **muni fyrir,** awaits you, is impending.

l. 53. **meira,** adv., better, faster.

l. 149. **bar hann hátt,** impers. w. acc. ; he was in a conspicuous place.

l. 244. **við fimtánda mann,** one of fifteen, with fourteen men.

l. 259. **vápna** is governed by the second half of the genitival compound *klæða-búnað,* which is here considered as two independent words.

VII. AUÐUN.

l. 17. **var fyrir,** was to be found.

l. 26. **tvau verð slík,** double the price you gave.

l. 55. **fé** is probably dat. here, but may be nom.

l. 56. **eptir sem** . . , according as, in accordance with what.

l. 64. **nú . . nú,** lately . . just now.

l. 116. **heldr** is here used pleonastically in a kind of apposition to the preceding *betr.*

l. 125. **en,** and = while.

l. 129. **þessi einn var svá hlutrinn, at . . . ,** this single thing is the case, namely that . . . i. e. the only thing is that . . .

VIII. ÞRYMSKVIÐA.

l. 7. **jarðar** is governed by *hvergi.*

l. 9. **túna.** Poetical construction of gen. to denote goal of motion.

l. 15. **þó** goes with the following *at = ok selja, þóat (þótt) væri ór silfri.*

l. 32. **fœri** may be either sg. or pl. 3 pers.

GLOSSARY.

æ *follows* að, ö *follows* d, ę *follows* e, œ *follows* oð, ǫ *follows* o, ö *follows* ǫ, þ *follows* t.

The declensions of nouns are only occasionally given.

(-rs) etc. means that the *r* of the nom. is kept in inflection.

-a *adv.* not.

á *sf.* river.

á *see* eiga.

á *prp. w. acc. and dat.* on, in.

áðr *adv. cj.* before.

aðrir *see* annar.

æsir, *see* áss.

ætla *wv.* 3, consider, deem . 'ætlask fyrir,' intend.

ætt *sf.* 2, race, descent, family.

ætta *see* eiga.

af *prp. w. dat.* from ; of ; with ; *adv.* 'drekka af,' drink off.

af-hús *sn.* out-house, side room.

afl *sn.* strength, might.

af-taka *wf.* damage, injury.

ágætliga *adv.* splendidly.

aka *sv.* 2, drive (a chariot, etc.).

ákafliga *adv.* vehemently, hard— 'kalla a.' call loudly.

akarn *sn.* acorn.

akkeri *sn.* anchor.

álar-ęndir *sm.* thong-end, end of a strap.

al-búinn *adj. w. gen.* quite ready.

aldinn *adj.* old.

aldri *adv.* never.

á-lęngðar *adv.* for some time.

álfr *sm.* elf.

á-lit *snpl.* appearance, countenance [líta].

all-harðr *adj.* very hard, very violent.

all-lítill *adj.* very little.

all-mann-skœðr *adj.* (very injurious to men), very murderous (of a battle) [skaði, 'injury'].

all-mikill *adj.* very great.

allr *adj.* all, whole ; 'með ǫllu,' entirely ; 'alls fyrst,' first of all.

all-stórum *adv.* very greatly.

all-valdr *sm.* monarch, king.

al-snotr *adj.* very clever.

al-svartr *adj.* very black, coal-black.

alt *adv.* quite.

ambátt *sf.* 2, female slave, maid.

and-lit *sn.* face [líta].

annarr *prn.* second ; following, next ; other ; one of the two— 'annar . . . annarr,' one . . . the other.

aptann *sm.* evening.

aptastr *adj.* most behind.

aptr *adv.* back, backwards, behind.

ár *sf.* oar.

ár *sn.* year.

ár *see* á.

argr *adj.* cowardly, base.
ār-maðr *sm.* steward.
armr *adj.* wretched.
ās-megin *sn.* divine strength.
āss *sm.* 3, (Scandinavian) god.
āst *sf.* 2, affection, love, *often in pl.*
āst-sæll *adj.* beloved, popular.
[sæll, ' happy '].
āsynja *wf.* (Scandinavian) goddess
[āss].
āt, *see* eta,
at *prp. w. dat.* at, by ; to, towards,
up to ; for ; in accordance with,
after.
at *adv.* to.
-at *adv.* not.
at-laga *wf.* attack [leggja].
at-rōðr (-rar) *sm.* 2 rowing against,
attack.
ātta *num.* eight.
ātta *see* eiga.
auð-kendr *adj.* easy to be recog-
nized, easily distinguishable.
auðr *adj.* desert, deserted, without
men.
auð-sēnn *adj.* evident.
auga *wn.* eye.
aug-sȳn *sf.* sight.
auka *sv.* 1, increase ; *impers., w. dat.
of what is added* 'jōk nū miklu
ā,' much was added to it (his hesi-
tation increased).
austan *adv.* from the east.
aust-maðr *sm.* Eastcrner, Norwe-
gian.
austr *sn.* the east—'ī au.,' east-
wards.
austr *adv.* eastwards.
austr-vegr *sm.* the East, *especially*
Russia.
āvalt *adv.* continually, all the time.
ā-vanr *adj.* wanting ; *impers. neut.
in* ' einnar mēr Freyju āvant
þykkir,' Freyja alone I seem to
want.
ā-vinnr *adj.* toilsome, *only in the
impers. neut.* ' mun ā-vint verða
um soxin,' it will be a hard fight at
the prow.

B.

bað *see* biðja.
bāðir *prn.* both, *neut. as adv. in*
' bæði .. ok,' both .. and.
bāðu *see* biðja.
bēða *see* biðja.
bēði *see* bāðir.
baggi *wm.* bag ; bundle.
bak *sn.* back, ' verja eitt baki,' de-
fend a thing with the back,' i. e.
turns one's back to it = be a
coward.
bak-borði *wm.* larboard.
bāl *sn.* flame ; funeral pile.
bāl-for *sf.* funeral.
bani *wm.* death.
bar, *see* bera.
bardagi *wm.* battle.
barð *sn.* edge, rim ; projection in
the prow of a ship formed by the
continuation of the keel.
barða *see* berja.
barði *wm.* war-ship with a sharp
prow, ram.
barn *sn.* child.
batt *see* binda.
bauð *see* bjōða.
beiða *wv.* 1, *w. gen. of thing and
dat. of pers. benefited,* ask, demand.
bein *sn.* bone.
bekkr *sm.* 2, bench.
bella *wv.* 1, occupy oneself with,
deal in, *generally in a bad sense.*
bera *sv.* 4, carry, take ; bear, en-
dure. berask at, happen. b. fram,
bring forward, out. b. vāpn niðr,
shoot down. b. rāð sīn saman,
hold council, deliberate.
berg-risi *wm.* hill-giant.
berja *wv.* 1b. strike—'b. grjōti,'
stone. berjask, fight.
berr *adj.* bare, unsheathed (of a
sword).
ber-serkr *sm.* 2, wild fighter,
champion. [Literally ' bear-shirt,'
i. e. one clothed in a bear's
skin.]
betr *see* vel.

bętri *see* góðr.
bęzt *see* vel.
bęztr *see* góðr.
beygja *wv.* 1, bend, arch.
bíða *sv.* 6, *w. gen.* wait for; *w. acc.* abide, undergo.
biðja *sv.* 5, ask, beg, pray, *w. gen. of thing, acc. of the pers. asked, and dat. of the person benefited ;* express a wish, bid—' bað hann vel kominn ' (vera *understood*) bad him welcome ; call on, challenge, command, tell.
bifask *wv.* 1, tremble, shake.
bil *sn.* moment of time.
bila *wv.* 2, fail.
bilt *neut. adj. only in the impers.* ' einum verðr bilt,' one hesitates, is taken aback, is afraid.
binda *sv.* 3, bind, tie up; dress.
birta *wv.* 1, show [bjartr].
bíta *sv.* 6, bite; cut.
bittu *see* binda.
bitu *see* bíta.
bjarn-dýri *sn.* bear.
bjartr *adj.* bright, clear.
bjó *see* búa.
bjóða *sv.* 7, *w. acc. and dat.* offer, propose—' b. einum fang,' challenge to wrestling ; invite. b. upp, give up.
bjǫrg *sf.* help; means of subsistence, store of food.
blása *wv.* 1, blow ; blow trumpet as signal.
bleyða *wf.* coward.
blíða *wf.* gentleness, friendliness.
blindr *adj.* blind.
blóð *sn.* blood.
blót-bolli *wm.* sacrificial bowl.
bœtr *see* bót.
boga-skot *sn.* bowshot.
bogi *wm.* bow.
bog-maðr *sm.* bowman, archer.
bóndi *sm.* 4, yeoman, householder, (free) man [búa].
borð *sn.* side of a ship, board ; rim, the margin between the rim of a vessel and the liquid in it—' nú er

gott beranda b. á horninu,' now there is a good margin for carrying the horn, i. e. its contents are so diminished that it can be lifted without spilling.
borg *sf.* fortress, castle.
borg-hlið *sn.* castle gate.
bót *sf.* 3, mending, improvement ; *plur.* bœtr, compensation.
bǫrn *see* barn.
brá *sf.* eyelid.
brá *see* bregða.
bragð *sn.* trick, stratagem [bregða].
brann, *see* brenna.
brast *see* bresta.
brátt *adv.* quickly.
braut *sf.* way—á braut, *adv.* away.
braut *see* brjóta.
braut, brott, *adv.* away.
bregða *sv.* 3, *w. dat.* jerk, pull, push, —b. upp, lift, raise, (to strike) ; change, transform.
breiðr *adj.* broad.
brenna *wf.* burning; incremation.
brenna *sv.* 3, burn *intr.*
brenna *wv.* 1, burn *trans.*
bresta *sv.* 3, break, crack, burst.
brestr *sm.* crack; loss.
brjóst *sn.* breast.
brjóta *sv.* 7, break—' b. (skip) ' suffer shipwreck, *also impers.* ' skip (acc.) brýtr,' the ship is wrecked.
broddr *sm.* point.
bróðir *sm.* 4. brother.
brotinn *see* brjóta.
brotna *wv.* 3, break *intr.*
brott *see* braut.
brott-laga *sf.* retreat.
brú *sf.* bridge.
brúð-fé *sn.* bridal gift.
brúðr *sf.* 2, bride.
brún *sf.* 3, eyebrow.
bryggja *wf.* pier.
brynja *wf.* corslet.
brynn *see* brún.
bryn-stúka *wf.* corslet-sleeve.
bryti *see* brjóta.
brýtr *see* brjóta.
bú *sn.* dwelling, home.

būa *sv.* 1, dwell; inhabit, possess; prepare. būask, get ready, prepare *intr.* ' er būit við at . . ' it is likely to be that . . , there is danger of . . .

buðu *see* bjóða.

būinn *adj.* ready ; in a certain condition—' (við) svā būit ' *adv.* under such circumstances; capable, fit for—' vel at sēr būinn,' very capable, very good (at).

bundu *see* binda.

burr *sm.* son.

bÿðr *see* bjóða.,

bÿr *see* būa.

byrja *wv.* 3, begin.

byr-vænn *adj.* promising a fair wind.

D.

daga *wv.* 3, dawn.

dagan *sf.* dawn.

dagr *sm.* day.

dalr *sm.* valley.

dauðr *adj.* dead.

dęgi *see* dagr.

deyja *sv.* 2, die.

djūpr, *adj.* deep.

dó *see* deyja.

dómr *sm.* decision.

dóttir *sf.* 3, daughter.

dǫgurðr *sm.* breakfast [-urð = -verðr, *cp.* nāttverðr].

dǫkkr (-vir), *adj.* dark.

draga *sv.* 2, draw, drag. d. saman, collect.

drakk *see* drekka.

drap *see* drepa.

draumr *sm.* dream.

drǫginn *see* draga.

dreif *see* drīfa.

dręki *wm.* dragon ; dragon-ship, ship with a dragon's head as a beak.

drekka *sv.* 3, drink.

drepa *sv.* 5, strike ; kill.

dreyma *wv.* 1, *impers. w. acc. of pers. and acc. of the thing* dream [draumr]. .

drīfa *sv.* 6, drive ; hasten.

drjūpa *sv.* 7, drop.

dró *see* draga.

drógu *see* draga.

dróttinn *sm.* lord.

dróttin-hollr *adj.* faithful to its master.

drukkinn *adj.* (*ptc.*) drunk.

drupu *see* drjūpa.

drykkja *wf.* drinking [drekka].

drykkju-maðr *sm.* drinker.

drykkr *sm.* 2, draught.

duna *wv.* 3, resound.

dunði *see* dynja.

dvalða *see* dvęlja.

dvęlja *wv.* 1b. delay. dvęljask dwell, stop.

dvergr *sm.* dwarf.

dyðrill *sm.* (?).

dÿja *wv.* 1b. shake.

dynja *wv.* 1b. resound.

dÿr *sn.* animal, beast.

dyrr *sfnpl.* door.

E.

eða *cj.* or.

ef *cj.* if.

ęfna, *wv.* 1, perform, carry out.

ęggja *wv.* 3, incite.

eiðr *sm.* oath.

eiga *wf.* property.

eiga *suv.* possess, have : have as wife, be married to ; have *in the sense of* must.

eigi *adv.* not ; no.

eign *sf.* property.

eignask *wv.* 3, appropriate, gain.

eik *sf.* 3, oak.

einka-māl *snpl.* personal agreement, special treaty.

einn *num., prn.* one ; the same ; a certain, a ; alone, only—' einn saman,' alone, mere.

einn-hvęrr, *prn.* a certain, some, a.

eira *wv.* 1, *w. dat.* spare.

eitr *sn.* poison.

ek *prn.* I.

ęk *see* aka.

ekki *prn. neut.* nothing; *adv.* not.
eldr *sm.* fire.
ęlli *wf.* old age.
ęllifti *adj.* eleventh.
ęllifu *num.* eleven.
em *see* vera.
en *cj.* but; and.
en *adv.* than, *after compar.*
ęndask *uv.* 1, end, suffice for.
ęndi, ęndir *sm.* end.
ęnd-langr *adj.* the whole length—
' ęndlangan sal,' the whole length
of the hall.
ęndr *adv.* again.
engi *prn.* none, no.
ęnn *adv.* yet, still; besides; after
all.
ęptir *prp. w. acc.* after (of time).
w. dat. along, over; in quest of,
after; according to, by. *adv.* after-
wards; behind [aptr].
ęptri *adj. compar.* hind.
er *prn. rel.* who, which, *rel. adv.*
where; when; because, that.
er *see* vera.
er *see* þū.
ęrfiði *sn.* work; trouble.
ert *see* vera.
eru *see* vera.
eta *sv.* 5, eat.
ey *sf.* island.

F.

fā *sv.* 1, grasp; receive, get; give;
be able. fāsk, wrestle. fāsk ā,
be obtained, be.
faðir *sm.* 4, father.
fœr *see* fā.
fœstr *see* fār.
fagnaðr *sm.* 2, joy; entertainment,
hospitality.
fagr *adj.* beautiful, fair, fine.
fagrliga *adv.* finely.
fall *sn.* fall.
falla *sv.* 1, fall. fallask, be for-
gotten, fail.
fang *sn.* embrace, grasp; wrestling.
fann *see* finna.

fār *adj.* few—*neut.* fātt *w. gen.*:
' fātt manna,' few men.
fara go, travel—*w. gen. in such
constr. as* ' f. ferðar sinnar,' go
his way; fare (well, ill); happen,
turn out; experience; ' f. með
einu,' deal with, treat; destroy,
use up *w. dat.* farask *impers.
in* ' fęrsk þeim vel,' they have a
good passage.
farmr *sm.* lading, cargo.
fastr *adj.* firm, fast, strong.
fé *sn.* property, money.
feðrum, see faðir.
fekk, *see* fā.
fęgrð *sf.* beauty [fagr].
fęgrstr, *see* fagr.
feikn-stafir *smpl.* 2, wickedness.
fela *sv.* 3, hide.
félagi *wm.* companion.
fé-lauss, *adj.* penniless.
fé-lítill *adj.* with little money, poor.
fell *see* falla.
fęlla *uv.* 1, fell, throw down; kill
[falla].
fengu, fęnginn, *see* fā.
fęr *see* fara.
fęrð *sf.* 2, journey [fara].
fer-skeyttr *adj.* four-cornered.
fimm *num.* five.
fimtāndi *adj.* fifteenth.
finna *sv.* 3, find; meet, go to see;
notice, see.
fjaðr-hamr *sm.* feathered (winged)
coat.
fjall *sn.* mountain.
fjār, *see* fé.
fjara *sf.* ebb-tide; beach.
fjogur *see* fjórir.
fjórði *adj.* fourth.
fjórir *num.* four.
fjǫlð *wf.* quantity.
fjǫl-kyngi *sn.* magic.
fjǫl-męnni *sn.* multitude; troop
[maðr].
fjǫrðr *sm.* 3, firth.
fjǫrur *see* fjara.
flā *sv.* 2, flay, skin.
flaug *see* fljūga.

flęginn *see* flá.
flestr *see* margr.
fljóta *sv.* 7, float, drift.
fljúga *sv.* 7, fly.
fló *see* fljúga.
floti *wm.* fleet [fljóta].
flótti *wm.* flight [flýja].
flugu *see* fljúga.
flýja *wv.* 1, flee.
flytja *wv.* 1 b. remove, bring.
fnása *wv.* 3, snort.
fœra *wv.* 1, bring, take; fasten [fara].
fœrir *see* fara.
fœti *see* fót.
fólginn *see* fela.
fólk *sn.* multitude, troop; people.
fór *see* fara.
for-tǫlur *wpl.* representations, arguments [tala].
fóstra *wf.* nurse.
fót-hvatr *adj.* swift-footed.
fótr *sm.* foot; leg.
fǫður *see* faðir.
fǫr *sf. journey* [fara].
fǫru-neyti *sn.* company [njóta].
frá *prp.* from, away from; about, concerning. 'í frá' *adv.* away.
frændi *sm.* 4, relation.
frá-fall *sn.* death.
fram *adv.* forward, forth. *compar.* framar, ahead.
framastr *adj. superl.* chief, most distinguished.
frami *wm.* advantage, courage.
framiðr *see* fręmja.
fram-stafn *sm.* prow.
frá-sǫgn *sf.* narrative, relation.
freista *wv.* 3, *w. gen.* try, test.
fręmja *wv.* 1 b. perform [fram].
friðr *sm.* 2, peace.
fríðr *adj.* beautiful, fine.
fróðr *adj.* learned, wise.
frœkn *adj.* bold, daring.
frost *sn.* frost.
fugl *sm.* bird.
full-kominn *adj.* (*ptc.*) complete; ready (for).
fullr *adj.* full.

fundr *sm.* 2, meeting [finna].
fundu *see* finna.
furðu *adv.* awfully, very.
fúss *adj.* eager.
fylgja *wv.* 1, *w. dat.* follow; accompany.
fylki *sn.* troop [fólk].
fylkja *wv.* 1, *w. dat.* draw up (troops) [fólk].
fylla *wv.* 1, fill [fullr].
fyr, fyrir *prp. w. acc. and dat.* before; beyond, over—'f. borð,' overboard; instead of—koma f. *adv.* be given as compensation; for; because of. 'f. því at,' because. 'lítill f. sér,' insignificant.
fyrir-rúm *sn.* fore-hold, chief-cabin.
fyrirrúms-maðr *sm.* man in the fore-hold.
fyrr *adv. compar.* before, formerly. *superl.* fyrst, first.
fyrri *adj. compar.* former. *superl.* fyrstr, first.
fýsa *wv.* 1, hasten *trans.—impers.* 'braut fýsir mik,' I feel a desire to go away [fúss].

G.

gá *wv.* 1, *w. gen.* heed, care for.
gæfa *wf.* luck [gefa].
gæta *wv.* 1, watch, take care of [geta].
gaf *see* gefa.
gæfu-maðr, *sm.* lucky man.
gaflak *sn.* javelin.
gamall *adj.* old.
gaman *sn.* amusement, joy.
ganga *sv.* 1, go, *with gen. of goal in poetry*; attack—'g. á skip' board a ship. g. af, be finished. g. til, come up. g. upp, land; board a ship; be used up, expended (of money).
garðr *sm.* enclosure, court; dwelling.
gat *see* geta.
gefa *sv.* 5, give.
gǫgnum, í gǫgnum *prp. w. gen.* through.

gekk *see* ganga.

gelti *see* goltr.

genginn, gengr, gengu, *see* ganga.

geta *sv.* 5, *w. gen.* mention, speak of; guess, suppose.

geysi *adv.* excessively.

gipta *wf.* luck [gefa].

giptu-maðr *sm.* lucky man.

gjafar *see* gjof.

gjof *sf.* gift.

glotta *sv.* 2, smile maliciously, grin.

glæsiligr *adj.* magnificent.

gnýr *sm.* din, noise.

góðr *adj.* good—'gott er til eins,' it is easy to get at, obtain.

gólf *sn.* floor; apartment, room.

gott *see* góðr.

gofugr *adj.* distinguished [gefa].

goltr *sm.* 3, boar.

gomul *see* gamall.

göra *wv.* 1c. do, make. görask, set about doing; be made into, become. göra at, accomplish, carry out.

görsimi *wf.* article of value, treasure.

granda *wv.* 3, *w. dat.* injure.

grár *adj.* gray.

gras *sn.* grass; plant, flower.

gráta *sv.* 1, weep, mourn for.

grátr *sm.* weeping.

greiða *wv.* 1, put in order, arrange.

greip *see* gripa.

gres-járn *sn.* iron wire (?).

grey *sn.* dog.

grið *snpl.* peace, security.

griða-staðr *sm.* sanctuary.

grind *sf.* 3, lattice door, wicket.

gripa *sv.* 6, seize.

gripr *sm.* 2, article of value, treasure.

grjót *sn.* stone (collectively).

gróa *sv.* 1, grow; heal.

grœr *see* gróa.

gruna *wv.* 3, *impers.*—'mik grunar,' I suspect, think.

grunr *sm.* 2, suspicion.

gull *sn.* gold.

gull-band *sn.* gold band.

gull-búinn *adj.* adorned with gold.

gull-hringr *sm.* gold ring.

gull-hyrndr *adj.* (*ptc.*) with gilt horns.

gull-roðinn *adj.* (*ptc.*) gilt.

gýgr *sf.* giantess.

gyltr *adj.* (*ptc.*) gilt.

gyrða *wv.* 1, gird.

H.

hæstr *see* hár.

hætta *wv.* 1, *w. dat.* desist from, stop.

hættliga *adj.* dangerous, threatening.

hættr *adj.* dangerous.

haf *sn.* sea.

hafa *wv.* 1, have; 'h. einn nær einu,' bring near to, expose to; use, utilize. at hafask, undertake. til hafa, have at hand.

hafna *see* hofn.

hafr *sm.* goat.

hafr-staka *wf.* goatskin.

hagliga *adv.* neatly.

hagr *sm.* condition; advantage—'þér mun h. a vera,' will avail thee, be profitable to you.

hag-stœðr *adj.* favourable.

halda *sv.* 1, *w. dat.* hold (also with prp. á); keep. *w. acc.* observe, keep (laws, etc.). *intr.* take a certain direction, go.

hálfr *adj.* half.

hálfu *adv.* by half, half as much again.

hallar *see* holl.

hallar-gólf *sn.* hall floor.

haltr *adj.* lame.

hamarr *sm.* hammer.

hamars-muðr *sm.* thin end of hammer.

hamar-skapt *sn.* handle of a hammer.

hamar-spor *sn.* mark made by a hammer.

hana *see* hann.

handar *see* hǫnd.
hand-skot *sn.* throwing with the hand.
hand-tekinn *ptc. pret.* taken by hand, taken alive.
hann *prn.* he.
hár *sn.* hair.
hár *adj.* high.
harð-hugaðr *adj.* stern of mood.
harðr *adj.* hard; strong.
harð-skeytr *adj.* strong-shooting [skjóta].
harmr *sm.* grief.
háski *wm.* danger.
há-sæti *sn.* high seat, dais [sitja].
hásætis-kista *sf.* chest under the dais.
hátt *adv.* high; loudly.
haugr *sm.* mound.
hauss *sm.* skull.
heðan *adv.* hence.
hefi *see* hafa.
hefja *sv.* 2, raise, lift; begin.
hefna *wv.* 1, *w. gen.* revenge, avenge.
heill *adj.* sound, safe, prosperous.
heil-ræði *sn.* sound advice, good advice [ráð].
heim *adv.* to one's home, home (domum).
heima *adv.* at home (domi).
heima-maðr *sm.* man of the household.
heim-fúss *adj.* longing to go home, homesick.
heimr *sm.* home, dwelling; world.
heimta *wv.* 1, fetch, obtain, get back.
heita *sv.* 1, call; *w. dat. of pers. and dat. of thing* promise; *intr. (pres.* heiti) be named, called.
helda *see* halda.
heldr *adv. compar.* more willingly, rather, sooner, more; rather, very.
hel-grindr *sf.* the doors of hell.
hellir *sm.* cave.
helt *see* halda.
hel-vegr *sm.* road to hell.

helzt *adv. superl.* most willingly, soonest, especially, most [heldr].
hendi, hendr *see* hǫnd.
hennar, henni *see* hann.
hepta *wv.* 1, bind; hinder, stop.
hér *adv.* here—' h. af,' etc. here-of.
hér-bergi, *sn.* quarters, lodgings.
herða *wv.* harden, clench.
her-fang *sn.* booty.
herja *wv.* 3, make war, ravage [herr, army].
herra *sm.* lord.
her-skip *sn.* war-ship.
hestr *sm.* horse.
hét *see* heita.
heyra *wv.* 1, hear.
himinn *sm.* heaven.
hingat *adv.* hither.
hinn *prn.* that.
hirð *sf.* court.
hirð-maðr *sm.* courtier.
hiti *wm.* heat.
hitta *wv.* come upon, find, meet, *trans.* go to. hittask, meet *intr.*
hjá *prp. w. dat.* by, at; in comparison with.
hjálmr *sm.* helmet.
hjón *snpl.* household.
hlaða *sv.* 2, load, heap up; h. seglum,' take in sails.
hlæja *sv.* 2, laugh.
hlaupa *sv.* 1, jump, leap; run.
hlaut *see* hljóta.
hleyp *see* hlaupa.
hleypa *wv.* 1, make to run (i. e. the horse), gallop.
hlíf *sf.* shield.
hlífa *wv.* 1, *w. dat.* shelter, cover, protect.
hljóp *see* hlaupa.
hljóta *sv.* 7, get, receive,
hlóðu *see* hlaða.
hlógu *see* hlæja.
hlunnr *sm.* roller (for launching ships).
hluti *wm.* portion [hljóta].
hlutr *sm.* 2, share; portion, part, piece; thing [hljóta].

hlut-skipti *sn.* booty.
hnakki *wm.* back of head.
höf *see* hefja.
hollr *adj.* gracious, faithful.
hölmr *sm.* small island.
hon *see* hann.
honum *see* hann.
horn *sn.* horn.
hœgri *adj. compar.* right (hand).
hœla *wv.* 1, *w. dat.* praise, boast of.
hofðingi *wm.* chief [hofuð].
hofða-fjol *sf.* head-board (especially
  of a bedstead).
hofðu *see* hafa.
hofn *sf.* harbour.
hofuð *sn.* head.
hogg *sn.* stroke.
hogg-ormr *sm.* viper.
hogg-orrosta *wf.* ' cutting-fight,'
  hand-to-hand fight.
hoggva *sv.* 1, hew, cut, strike.
holl *sf.* hall.
hond *sf.* 3, hand; side—' hvärra-
  tveggju handar' on both sides, for
  both parties.
hræddr *adj.* frightened, afraid [*ptc.*
  of hræðask].
hræðask *wv.* 1, be frightened, fear.
hræzla *wf.* fear [hræðask].
hrafn *sm.* raven.
hratt *see* hrinda.
hrauð *see* hrjóða.
hraut *see* hrjóta.
hreyfa *wv.* 1, move.
hrið *sf.* period of time.
hrím·þurs *sm.* frost giant.
hrinda *sv.* 3, push, launch (ship).
hrista *wv.* 1, shake.
hrjóða *sv.* 7, strip, clear, disable.
hrjóta *sv.* 7, start, burst out.
hrokk *see* hrökkva.
hrökkva *sv.* 3, start back.
hryði *see* hrjóða.
hrynja *wv.* 1b. fall down.
hrýtr *see* hrjóta.
hugða *see* hyggja.
hugi *wm.* thought.
hugr *sm.* mind, heart; courage,
  spirit.

hugsa *wv.* 3, consider, think.
hundrað *sn.* hundred.
hurð *sf.* 2, door.
hús *sn.* room; house.
hvar *adv.* where; that.
hvárr *prn.* which of two; each of
  the two, both.
hvárr-tveggja *prn.* each of the
  two, both.
hvárt *adv.* whether, *both in direct
  and indirect questions.*
hvárt-tveggja *adv.* ' hv. . . ok,'
  both . . and.
hvass *adj.* sharp.
hvat *prn. neut.* what.
hvatr *adj.* brisk, bold.
hvé *adv.* how.
hverfa *sv.* 3, turn, go.[1]
hver-gi *adv.* nowhere—' hv. jarðar,'
  nowhere on earth; in no respect,
  by no means.
hvernig *adv.* how. [=hvern veg.]
hverr *prn.* who.
hversu *adv.* how.
hví *adv.* why.
hvirfill *sm.* crown of head.
hvítna *wv.* 2, whiten.
hvítr *adj.* white.
hyggja *wv.* 1b. think, mean, de-
  termine [hugr].
hylli *wf.* favour [hollr].

I.

í *prp.* in.
í-huga *wv.* 3, try to remember, con-
  sider [hugr].
illa *adv.* ill, badly.
illr *adj.* ill, bad.
inn *art.* the.
inn *adv.* in *compar.* innar, further
  in.
inna *wv.* 1, accomplish.
innan *adv.* within, inside. fyrir
  innan *prp. w. gen.* within, in.
inni *adv.* in.
it *see* þú.
it *see* inn.
í-þrótt *sf.* feat.

J.

jafn-breiðr *adj.* equally broad.
jafn-hofugr *adj.* equally heavy [hefja].
jafn-mikill *adj.* equally great.
jafn-skjött *adv.* equally quick.
jafna *wv.* 3, smooth; compare *w. dat. of thing compared.*
jafnan *adv.* always.
jarl *sm.* earl.
järn *sn.* iron.
järn-glöfi *sm.* iron gauntlet.
järn-spong *sf.* iron plate.
jäta *wv.* 1, *w. dat.* agree to.
jök *see* auka.
jorð *sf.* earth.
jotun-heimar *smpl.* home, world of the giants.
jotunn *sm.* giant.

K.

kær-leikr *sm.* love, affection [kærr, 'dear'].
kaf *sn.* diving; deep water, water under the surface.
kafa *wv.* 3, dive.
kalla *wv.* 3, cry out, call; assert, maintain; name, call.
kann *see* kunna.
kapp *sn.* competition.
karl *sm.* man; old man.
kasta *wv.* 3, cast, throw.
kengr *sm.* bend.
kenna *wv.* 1, know; perceive.
kerling *sf.* old woman [karl].
kerra *wf.* chariot.
ketill *sm.* kettle.
keypta, *see* kaupa.
keyra *wv.* 1, drive.
kirkja *wf.* church.
kirkju-skot *sn.* wing of a church.
kjösa, *sv.* 7, choose.
klakk-laust *adv.* uninjured.
klæða *wv.* 1, clothe.
klæða-búnaðr *sm.* apparel.

klæði *snpl.* clothes.
knö *sm.* knee.
knifr *sm.* knife.
knorr *sm.* merchant-ship.
knüði, *see* knyja.
knüi *wm.* knuckle.
knütr *sm.* knot.
knyja *wv.* 1b, press with knuckles or knees; exert oneself [knüi].
kölf-skot *sn.* (distance of a) bolt-short.
kollöttr *adj.* bald.
koma *sv.* 4, come; happen, turn out; *w. dat.* bring into a certain condition. k. fyrir, be paid in atonement. komask, make one's way (by dint of exertion).
kona *wf.* woman; wife.
konr *sm.* kind—'alls konar,' all kinds; 'nakkvars konar,' of some kind.
konunga-stefna *wf.* congress of kings.
konungr *sm.* king.
konungs-döttir *sf.* king's daughter.
konungs-skip *sn.* king's ship.
kosinn *see* kjösa.
kost-gripr *sm.* precious thing, treasure.
kostr *sm.* 2, choice—'at öðru kosti,' otherwise; power [kjösa].
kogur-sveinn *sm.* little boy, urchin.
kopp *see* kapp.
kopur-yrði *sn.* boasting [orð].
kottr *sm.* 3, cat.
köm *see* koma.
krappa-rüm *sn.* back cabin.
krappr *adj.* narrow.
kraptr *sm.* strength.
kräs *sf.* 2, delicacy.
krefja *wv.* 1b. *w. acc. of pers. and gen. of thing,* demand.
kunna *swv.* know; feel; venture; like to.
kunnandi *wf.* knowledge, accomplishments.
kunnusta *wf.* knowledge, power.
kunnr *adj.* known.

kurr *sm.* murmur, rumour.

kvæði *sn.* poem.

kvæma *see* koma.

kván *sf.* wife.

kveða *sv.* 5, say. kv. á, settle, agree on.

kveðja *wf.* salutation [kveða].

kveðja *wv.* 1b, greet.

kveld *sn.*evening—'I kv.,' this evening.

kveld-söngr *sm.* vespers.

kvenn-váðir *sfpl.* womans' clothes.

kviðr *sm.* 3, stomach, belly.

kvisa *wv.* 3, whisker.

kvistr *sm.* 3, branch, twig.

kvöddu *see* kveðja.

kykr (-vir) *adj.* living.

kykvendi *sn.* living creature, animal.

kýll *sm.* bag.

kyn *sn.* race, lineage.

kýr *sf.* 3, cow.

kyssa *wv.* 1, kiss.

L.

lá *see* liggja.

lægri *see* lágr.

lær-leggr *sm.* thigh-bone.

læt *see* láta.

lagða *see* leggja.

lágr *adj.* low; short of stature [liggja].

lags-maðr *sm.* companion.

lágu *see* liggja.

lamða, lamit, *see* lemja.

land *sn.* land, country.

land-skjálfti *wm.* earthquake.

langr *adj.* long, far.

lát *snpl.* noise.

láta *sv.* 1, let go; leave; loose; allow; cause, let; behave, act; say.

lauf *sn.* foliage.

laufs-blað *sn.* (blade of foliage), leaf.

laug *sf.* bath.

laun *snpl.* reward.

launa *wv.* 3, reward, requite w.

dat. *of the thing given and of the pers., and acc. of the thing requited.*

lauss *adj.* loose; shaky, unsteady; free from obligation.

laust *see* ljósta.

laut *see* lúta.

lax *sm.* salmon.

leðr-hosa *wf.* leather bag.

leggja *wv.* 1 b, lay, put; ' l. eitt fyrir einn,' give, settle on; ' l. sik fram,' exert oneself; *intr. w.* skip *understood* sail, row—l. at, land; attack; l. frá, retreat, draw off; pierce, make a thrust. leggjask, set out, proceed; swim [liggja].

leið *sf.* way—' koma einu til leiðar,' carry out [líða].

leið *see* líða.

leiða *wv.* 1, lead, conduct [líða].

leiðangr (-rs) *sm.* levy [leið].

leiga *wv.* 1, borrow.

leikr *sm.* game; athletic sports, contest.

leita *wv.* 3, *w. gen. and dat.* seek; take to, have recourse to. leitask feel one's way [líta].

lemja *wv.* 1b, break.

lengð *sf.* length [langr].

lengi *adv.* long (of time) [langr].

lengstr *see* langr.

lét *see* láta.

letja *wv.* 1b, *w. acc. of pers. and gen. of thing,* hinder, dissuade.

létta *wv.* 1, *w. dat.* lift.

leyniliga *adv.* secretly.

leysa *wv.* 1, loosen, untie, open [lauss].

lið *sn.* troop.

líða *sv.* 6, go; pass (of time); *impers.* líðr, *w. dat.* fare, get on. *impers.* ' líðr á (náttina),' (the night) is drawing to a close.

líf *sn.* life—' á lífi,' alive.

lifa *wv.* 2, live.

liggja *sv.* 5, lie. l. til, be fitting.

lík *sn.* body; corpse.

líka *wv.* 3, *w. dat.* please.

líki *sn.* form [lík].

líking *sf.* likeness, similarity [líkr].
líknsamr *adj.* gracious.
líkr *adj.* like.
lín *sn.* linen ; linen headdress.
list *sf.* art.
líta *sv.* 6, look at ; regard, consider —' l. til eins,' turn to, acknowledge greeting. lítask *impers. w. dat.* seem.
lítask *wv.* 3, look round one [líta].
lítill *adj.* little, small—' lítit veðr,' not very windy weather. lítlu *adv.* by a little, a little.
lítil-ræði *sm.* degradation [ráð].
litr *sm.* 3, colour, complexion ; appearance [líta].
lísk *see* líta.
ljá *wv.* I, *w. gen. and dat.* lend.
ljósta *sv.* 7, strike, *w. dat. of instr. and acc. of the thing struck*—' l. árum í sæ,' dip the oars into the sea, begin to row.
lofa *wv.* 3, praise.
lóga *wv.* 3, *w. dat.* part with.
logi *wm.* flame.
lokinn *see* lúka.
lopt *sn.* air—' á l.', up.
lúka *sv.* 7, lock, close ; *impers.* 'lýkr einu,' it is finished, exhausted. ' l. upp,' unlock, open.
lukla *see* lykill.
lustu *see* ljósta.
lúta *sv.* 7, bend, bow.
lygi *wf.* lie, falsehood.
lykð *sf.* ending—' at lykðum,' finally.
lykill *sm.* key [lúka].
lypta *wv.* I, *w. dat.* lift [lopt].
lypting *sf.* raised place (castle) on the poop of a warship [lypta].
lýsa *wv.* I, shine.
lýsi-gull *sn.* bright gold.
lýst *see* ljósta.
lysta *wv.* I, *impers. w. acc.* desire.

M.

má *see* mega.
maðr *sm.* 4, man.

mæla (mælta) *wv.* I, speak—' m. við einu,' refuse ; suggest.
mær *sf.* virgin, maid.
mætta *see* mega.
magr (-ran) *adj.* thin.
mágr *sm.* kinsman, relation, connection.
makligr *adj.* fitting.
mál *sn.* narrative ; *in. plur.* poem ; proper time, time.
málmr *sm.* metal.
mann *see* maðr.
mann-fólk *sn.* troops, crew.
mann-hringr *sm.* ring of men.
mannliga *adv.* manlily.
margr *adj.* many, much.
mark *sn.* mark ; importance.
marka *wv.* 3, infer.
marr *sm.* horse.
mart *see* margr.
matask *wv.* 3, eat a meal.
matr *sm.* 2, food.
mátta *see* mega.
máttr *sm.* 2, might, strength.
með *prp. w. acc. and dat.* with.
meðal *s.* middle—á m. *w. gen.* between.
meðan *adv.* whilst.
mega *swv.* can, may.
megin—' öðrum m.' on the other side ; ' öllum m.,' on all sides. [*corruption of* vegum].
megin-gjarðar *sfpl.* girdle of strength [mega].
meiðmar *sfpl.* treasures.
meiri *see* mikill.
men *sn.* necklace, piece of jewelry.
menn *see* maðr.
mér *see* ek.
mergr *sm.* 2, marrow.
merki *sn.* mark ; banner [mark].
mest *see* mikill.
meta *sv.* 5, measure ; estimate.
mey, *see* mær.
mið-garðr *sm.* (middle enclosure), world.
miðgarðs - ormr *sm.* world-serpent.
miðr *adj.* middle.

mik *see* ek.

mikill *adj.* big, tall, great. mikit, *adv.* much, very.

miklu *adv.* (*instr.*) much.

milli, á milli,*prp.* between, among.

minjar *sfpl.* remembrance, memorial.

minn *see* ek.

minni *see* lítill.

minnr *adv.* less.

mis-líka *wv.* 3, *w. dat.* displease, not please.

missa *wf.* loss, want.

missa *wv.* 1, *w. gen.* lose ; do without.

mistil-teinn *sm.* mistletoe [teinn, 'twig'].

mitt *see* ek.

mjǫðr *sm.* 3, mead.

mjǫk *adv.* very.

móðir *sf.* 3, mother.

móðr *sm.* anger.

mœtask *wv.* 1, meet *intr.* [mót].

mǫn *sf.* mane.

morginn *sm.* morning.

mǫrk *sf.* 3, forest.

mǫrum *see* marr.

mót *sn.* meeting. í móti *prp. w. dat.* against.

mǫtu-neyti *sn.* community of food —'leggja m. sitt,' make their provision into a common store [matr; njóta].

mundu, *see* munu.

munnr *sm.* mouth.

munr *sm.* difference—'þeim mun' to that extent.

munu *swv.* will, may (of futurity and probability).

myndi *see* munu.

myrkr *sn.* darkness.

myrkr *adj.* dark.

N.

ná *wv.* 1, reach, obtain ; succeed in.

nær *adv. w. dat.* near ; nearly. *superl.* næst—'því n.' thereupon.

nætr *see* nátt.

nafn *sn.* name.

nakkvarr *prn.* some, a certain.

nakkvat *adv.* somewhat ; perhaps.

nátt *sf.* 3, night.

nátt-ból *sn.* night-quarters.

nátt-langt *adv.* the whole night long.

nátt-staðr *sm.* night-quarters.

náttúra *wf.* nature, peculiarity.

nátt-verðr *sm.* 2, supper.

nauð-syn *sf.* necessity.

naut *see* njóta.

neðan *adv.* below. fyrir n. *prp. w. dat.* below.

nefja *adj.* long-nosed (?).

nefna *wv.* 1, name, call. nefnask, name oneself, give one's name as [nafn].

nema *sv.* 4, take ; begin.

nema *adv.* except, unless.

nest *sn.* provisions.

nest-baggi *sm.* provision-bag.

niðr *adv.* down, downwards.

níundi *adj.* ninth.

njósn *sf.* spying ; news.

njósna *wv.* 3, spy ; get intelligence.

njóta *sv.* 7, enjoy, profit.

norðr *adv.* northwards.

nǫkkvi *wm.* vessel, small ship.

nú *adv.* now ; therefore, so.

ný-vaknaðr *adj.* (*ptc.*) newly awoke.

nýr *adj.* new.

nýta *wv.* 1, profit [njóta].

O.

oddr *sm.* point.

óð-fúss *adj.* madly eager.

óðr *adj.* mad, furious.

œpa *wv.* 1, shout [óp, 'shout'].

œrit *adv.* enough ; very.

œxn, *see* oxi.

of *prp. w. dat.* over ; during ; with respect to, about. *adv.* too (of excess).

of *adv.*, *often used in poetry as a mere expletive.*

of-veikr *adj.* too weak.
ofan *adv.* above ; down.
ofan-verðr *adj.* upper, on the top.
ök *see* aka.
ok *conj.* and ; also—'ok . . ok,'
both . . and ; but.
okkr *see* þú.
opt *adv.* often. *compar.* optar,
oftener, again.
ór *prp. w. dat.* out of.
orð *sn.* word—'í öðru orði,' other-
wise.
orðinn *see* verða.
orð-sending *sf.* verbal message.
orð-tak *sn.* expression, word.
ormr *sm.* serpent, dragon ; ship
with a dragon's head.
orrosta *wf.* battle.
oss *see* ek.
ótta *wf.* the end of night, just be-
fore dawn.
óttalaust *adj.* without fear.
öx *see* vaxa.
oxi *wm.* ox.
öðlask *wv.* 3, obtain.
öðru *see* annarr.
öl *sn.* ale.
öldnu *see* aldinn.
öndóttr *adj.* fierce.
önd-vegi *sn.* high seat, dais.
önnur *see* annar.
ör *sf.* arrow.
ör-œfi *sn.* harbourless coast.
örendi *sn.* errand.
örendi *sn.* holding the breath,
breath.
örind-reki *sm.* messenger [reka].
öxn *see* oxi.

P.

pati *sm.* rumour.
penningr *sm.* penny.

R.

ráð *sn.* advice ; what is advisable—
'sjá eitt at ráði,' consider advis-
able ; plan, policy, resolution.
ráða *sv.* 1, advise, *w. acc. of thing

and dat. of pers.* ; consider, de-
liberate ; undertake, begin *w. prp.*
til *or infin.* ; dispose of, have con-
trol over *w. prp.* fyrir.
ráða-görð *sf.* deliberation, decision.
ráðugr *adj.* sagacious.
ragna-rökr *sn.* twilight of the gods,
end of the world. [ragna *gen. of*
regin *neut. plur.* ' gods.']
ragr *adj.* cowardly.
ráku *see* reka.
rann *see* renna.
rás *sf.* race.
rauðr *adj.* red.
rausn *sf.* magnificence, anything
magnificent.
réð *see* ráða.
reið *sf.* chariot.
reið *see* ríða.
reiða *wv.* 1, swing, wield, brandish.
reið-fara *adj.*—' vera vel r.,' have
a good passage.
reiði *sn.* trappings, harness.
reiðr *adj.* angry.
reka *sv.* 7, drive ; carry out ; per-
form. ' r. af tjöld,' take down
awning.
rekkja *wf.* bed.
renna *sv.* 3, run.
rétta *wv.* 1, direct ; reach, stretch.
r. upp, pull up.
réttr *adj.* right, correct ; equitable,
fair.
reyna *wv.* 1, try, test.
reyr-bond *supl.* the wire with which
the arrow-head was bound to the
shaft.
ríða *sv.* 6, *w. dat.* ride.
riðu *see* ríða.
riðlask *wv.* 3, set oneself in motion.
ríki *sn.* power ; sovereignty, reign.
ríkr *adj.* powerful, distinguished.
ripti *sn.* linen cloth.
rita *wv.* 3, write.
róa *sv.* 1, row.
rœða *wv.* 1, talk about, discuss.
róra *see* róa.
röst *sf.* league.

S.

sá *prn.* that; he; such, such a one.

sá *see* sjá.

sær *sm.* sea.

særa *wv.* I, wound [sár].

sæti *sn.* seat [sitja].

sætt *sf.* 2, reconciliation, peace.

sættask *wv.* I, be reconciled, agree.

saga *wf.* narrative, history, story.

sagða *see* segja.

saka *wv. impers. w. acc.*—'hann (acc.) sakaði ekki,' he was not injured.

sakna *wv.* 3, *w. gen.* miss.

sál *sf.* 2, soul.

sáld *sn.* gallon.

salr *sm.* 2, hall.

saman *adv.* together.

sami *weak adj.* same.

sam-laga *wf.* laying ships together for battle.

samt *adv.* together.

sannligr *adj.* probable; suitable, right.

sannr *adj.* true.

sár *sn.* wound.

sárr *adj.* wounded.

sat *see* sitja.

satt *see* sannr.

sé *see* vera.

sé *see* sjá.

sefask *wv.* 3, be pacified.

segja *wv.* Ib, say, relate [saga].

segl *sn.* sail.

seilask *wv.* I, stretch *intr.*

seinn *adj.* late, slow, tedious. seint *adv.* slowly.

selja *wv.* I, give; sell.

sem *adv.* as; *w. subj.* as if; *to strengthen the superl.*—'sem mest,' the most possible, as much as possible.

senda *wv.* I, send.

sendi-maðr *sm.* messenger.

senn *adv.* at the same time, at once; immediately, forthwith.

sénn *see* sjá.

sér *see* sik.

sér *see* sjá.

sét *see* sjá.

set-berg *sn.* seat-shaped rock, crag [sitja].

setja *wv.* I, set place. *s.* fram, launch (a ship). setjask, sit down. setjask upp, sit up [sitja].

sí-byrða *wv.* I, *w. dat.* lay a ship alongside another. *neut. ptc.* síbyrt, close up to [borð].

síð *adv.* late. *comp.* síðar, later, afterwards. *superl.* síðast, latest, last.

síða *wf.* side.

síðan *adv.* afterwards, then; since.

síðari *adj. comp.* later, second (in order).

siðr *sm.* 3, custom.

síga *sv.* 6, sink.

sigla *wf.* mast [segl].

sigla *wv.* I, sail.

siglu-skeið *sn.* middle of a ship.

sigr (-rs) *sm.* victory.

sigr-óp shout of victory.

sik *prn.* oneself.

silfr *sn.* silver.

sín *see* sik.

sinn *sn.* time (of repetition)—'einu sinni,' once, for once. 'eigi optar at sinni,' not oftener than that time, i. e. only once.

sinn *see* sik.

sitja *sv.* 5, sit. *s.* fyrir, sit in readiness.

sjá = þessi.

sjá *sv.* 5, see; 's. fyrir einu,' look after, take care of. *impers.* 'litt sér þat á, at' .. it will hardly be seen that. ... sjásk, see one another, meet.

sjálfr *prn.* self.

sjóða *sv.* 7, boil; cook.

sjón *sf.* sight.

sjón-hverfing *sf.* ocular delusion.

skal *see* skulu.

skalf *see* skjálfa.

skáli *wm.* hall.

skammr *adj.* short.

skap *sn.* state, condition ; state of mind, mood, humour.

skapligr *adj.* suitable, fit.

skapt *sn.* shaft, handle.

skar *see* skera.

skarð *sn.* notch, gap ; defect.

skaut *see* skjóta.

skegg *sn.* beard ; beak (of a ship).

skeið *sn.* race-course, running-ground ; race—'taka sk.', start in a race.

skeina *wv.* 1, graze.

skellr *sm.* knock.

skemtun *sf.* amusement, entertainment [skammr, *literally* 'shortening (of time)'].

skera *sv.* 4, cut, cut up ; kill (animal).

skiljask *wv.* 1, separate, part *intr.*

skillingr *sm.* shilling, coin.

skilnaðr *sm.* separation, parting.

skip *sn.* skip.

skipa *wv.* 3, order, arrange, prepare, fit out. 'sk. til um eitt,' make arrangements for. skipask, take one's place; change, alter *intr.*

skipa-herr *sm.* fleet.

skipan *sf.* arranging ; ship's crew.

skips-brot *sn.* shipwreck.

skip-stjórnar-maðr *sm.* (steerer), commander of a ship, captain.

skjald-borg *sf.* wall of shields, testudo.

skjálfa *sv.* 3, shake *intr.*

skjóta *sv.* 7, *w. dat.* shoot, throw, push.

skjót-fœri *sn.* swiftness.

skjót-leikr *sm.* swiftness.

skjót-liga *adv.* swiftly, quick.

skjótr *adj.* swift, quick. skjótt *adv.* quickly.

skjoldr *sm.* 3, shield.

skógr *sm.* forest, wood.

skorta *wv.* 1, *impers. w. acc. of pers. and of thing,* want, fail.

skot *sn.* shot ; missile [skjóta].

skot-mál *sn.* shot-measure, range.

skotta *wv.* 3, dangle—sk. við, drift (of ships).

skokull *sm.* shaft (of a cart).

skomm *sf.* disgrace, shame.

skor *sf.* hair of the head.

skreppa *wf.* bag, wallet.

skulfu *see* skjálfa.

skulu *swv.* shall.

skúta *wf.* small ship, cutter.

skutill *sm.* trencher, small table.

skutil-sveinn *sm.* page, chamberlain.

skutu *see* skjóta.

skykkr *sm.* shake—'ganga skykkjum,' shake.

skylda *see* skulu.

skyldr *adj.* obliged, obligatory, bound [skulu].

skyn *sn.* understanding, insight— 'kunna, sk.' understand.

skynda *wv.* 1, hasten, bring in haste.

skyndiliga *adv.* hastily, quickly.

skynsamliga *adv.* intelligently, carefully.

skýt *see* skjóta.

slá *sv.* 2, strike. 'slá eldi í,' light a fire.

slæliga *adv.* sluggishly, weakly.

slær *adj.* blunt.

slær *see* slá.

slátr *sn.* meat.

sleikja *wv.* lick.

sleit *see* slíta.

sléttr *adj.* level, smooth ; comfortable, easy.

slíkr *adj.* such.

slíta *sv.* 6, tear—sl. upp, pull up ; *w. dat.* break (agreement).

smæri, *see* smár.

smár *adj.* small, insignificant.

smá-skip *snpl.* small ships.

smá-skúta *wf.* small cutter.

smjúga *sv.* 7, squeeze through, slip.

smugu, *see* smjúga.

snarpligr *adj.* vigorous.

snarpr *adj.* sharp ; vigorous.

snimma *adv.* early.

snöra *see* snúa.

snúa, *sv.* 1, *w. dat.* turn or (*trans.*),
direct; twist, plait. snúask,
turn (*intr.*).
soðinn *see* sjóða.
sœkja *wv.* 1c, seek; go—' s. aptr,'
retreat.
sœmð *sf.* honour [sōma].
sœtti *see* sœkja.
sofa *sv.* 4, sleep.
sofna *wv.* 3, go to sleep.
sǫgur *see* saga.
sǫk *sf.* cause—' fyrir þá s. at ' . ., be-
cause.
sökkva *sv.* 3, sink.
sól *sf.* sun.
sól-skin *sn.* sunshine.
soltinn *adj.* hungry [*ptc. of* 'svelta,'
starve].
sōma *wv.* 2, *w. dat.*, be suitable,
befitting.
sómi *wm.* honour.
sonr *sm.* son.
sótt *sf.* illness.
sótta *see* sœkja.
sǫx *snpl.* raised prow of a war-ship.
spala *see* spǫlr.
sparask *wv.* 2, spare oneself, reserve
one's energy.
spenna (spennta) *wv.* 1, *w. dat. of*
thing, gird, buckle on.
spjót *sn.* spear.
sporðr *sm.* tail.
spori *sm.* spur.
spǫlr *sm.* rail.
sprakk *see* springa.
spretta *wv.* 1, split.
springa *sv.* 3, burst.
spurða *see* spyrja.
spyrja *wv.* 1b, ask; hear of, learn
—' sp. til eins,' have news of, hear
of his arrival. spyrjask, be
known.
spyrna *wv.* 1, kick.
staddr *adj.* placed, staying [*ptc. of*
'steðja,' place].
staðr *sm.* place—' í staðinn,' in-
stead.
stafaðr *adj.* (*ptc.*) striped.
staf-karl *sm.* (staff-man), beggar.

stafn *sm.* prow.
stafn-búi *wm.* prow-man.
stafn-lé *wm.* grappling-hook.
stafr *sm.* 2 (*gen. sg.* stafs), staff,
stick.
stakk *see* stinga.
stallari *sm.* marshall.
standa *sv.* 2, stand. st. upp, stand
up, rise.
starfa *wv.* 3, work.
stefna *wv.* 1, steer; take a course,
go.
steig *see* stíga.
steinn *sm.* stone; jewel.
stela *sv.* 4, *w. dat. of thing and
acc. of pers.* steal, rob.
stendr *see* standa.
sterkliga *adv.* vigorously.
sterkr *adj.* strong.
steypa *wv.* 1, *w. dat. of thing,*
throw; pull off. steypask,
throw oneself.
• stíga *sv.* 6, advance, walk, go. st.
upp, mount (horse).
stígr *sm.* path, way.
stikill *sm.* point.
stilla (stilta) *wv.* 1, arrange. st.
til, arrange, dispose.
stinga *sv.* 3, pierce; ' st. stofnum
at skipi,' run the prow against a
ship's side.
stirt *adv.* harshly [*neut. of* ' stirðr,'
stiff].
stóð *see* standa.
stœrri *see* stór.
stökkva *sv.* 3, spring, rebound,
start back.
stolinn *see* stela.
stórliga *adv.* bigly, arrogantly.
stór-mannligr *adj.* magnificent,
aristocratic.
stór-menni *sn.* great men (col-
lective), aristocracy.
stórr *adj.* big, great. stórum *adv.*
greatly.
stór-ráðr *adj.* (great of plans), am-
bitious.
stór-skip *sn.* big ship.
stór-virki *sn.* great deed.

strā *wv.* 1, strew, cover with straw.
strauk *see* strjūka.
strengr *sm.* 2, string.
strjūka *sv.* 7, stroke.
stund *sf.* period of time, time.
stutt *adv.* shortly, abruptly [*neut. of* 'stuttr' short].
stȳra *wv.* 1, *w. dat.* steer.
stȳri *sn.* rudder.
stȳris-hnakki *wm.* top piece of rudder.
styrkr *sm.* strength ; help.
sū *see* sā.
suðr *adv.* southward.
suðr-ganga *wf.* journey south (to Rome).
sukku *see* søkkva.
sumar *sn.* summer.
sumr *prn.* some.
sund *sn.* sound, channel.
svā *adv.* so, as ; as soon as. ' ok svā,' also.
svaf *see* sofa.
svara *wv.* 3, *w. dat. of thing*, answer.
svardagi *sm.* oath.
sveinn *sm.* boy.
sveinn-stauli *wm.* small boy.
sveit *sf.* troop.
svelga *sv.* 3, swallow, gulp.
sverð *sn.* sword.
sverðs-hogg *sn.* swordstroke.
svipan *sf.* jerk ; moment.
svipting *sf.* pull, struggle.
sȳnask *wv.* 1, seem [sjön].
syni *see* sonr.
systir *sf.* 3, sister.

T.

taka *wv.* 2, *w. acc.* take, seize, take possession of ; *w. inf.* begin ; *w. dat.* receive (well, ill, etc.). tak-ask, take place, begin. t. at, choose. t. til, engage in, try. t. upp, take to, choose.
tala *wf.* talk, speech.
tala *wv.* 3, speak, talk about, discuss.

taliðr *see* telja.
tālma *wv.* 3, hinder.
taumar *smpl.* reins.
tekinn *see* taka.
telja *wv.* 1b, count, recount ; account, consider ; relate, say [tala].
tengðir *sfpl.* relationship,connection by marriage.
tengja *wv.* 1, bind, fasten together.
tengsl *snpl.* cable.
tīða *wv.* 1, *impers. w. acc.* desire.
tīðindi *snpl.* tidings, news.
tīðr *adj.* usual, happening—' hvat er tītt um þik?' what is the matter with you? tītt *adv.* often, quickly—' sem tíðast,' as quickly as possible.
tiginn *adj.* of high rank.
tigr *sm.*—' fjörir tigir,' forty.
til *prp. w. gen.* to; till; for (of use)—' alt er t. vāpna var,' everything that could be used as a missile; for (of object, intention) —' brjóta legg til mergjar,' break a leg to get at the marrow ; with respect to—' til vista var eigi gott,' they were not well off for provisions.
til *adv.* too (of excess).
til-visan *sf.* direction, guidance.
tītt *see* tíðr.
tīvi *wm.* god.
tjald *sn.* tent.
tjūgu-skegg *sn.* forked beard.
tœka *see* taka.
tōk *see* taka.
tonn *sf.* 3, tooth.
trani *wm.* crane.
trē *sn.* tree.
troða *sv.* tread.
trog *sn.* trough.
tros *sn.* droppings, rubbish.
trūa *wf.* faith—' þat veit tr. mín at . . ,' by my faith.
trūa *wv.* 2, *w. dat. of pers.* believe, trust, rely on.
tūn *sn.* enclosure, dwelling.
tveir *num.* two.

þ.

tÿna *wv.* 1, *w. dat.* lose.
typpa *wv.* tie in a top-knot.

þá *see* sá.
þá *see* þiggja.
þá *adv.* then.
þær *see* sá.
þakðr *see* þekja.
þakka *wv.* 3, *w. acc. of thing and dat. of pers.* thank; requite, reward.
þambar-skelfir *sm.* bowstring-shaker (?).
þann *see* sá.
þannig *adv.* thither; so [=þann veg].
þar *adv.* there; then; 'þ. af,' *etc.*, thereof. 'þar sem,' since, because. 'þar til,' until.
þarf *see* þurfa.
þat *see* sá.
þau *see* sá.
þegar *adv.* at once. 'þ. er,' as soon as.
þeginn *see* þiggja.
þegja *wv.* 1 b, be silent.
þeim *see* sá.
þeir, þeirra, *see* sá.
þekja *wv.* 1 b, roof.
þekkja *wv.* 1, notice. þekkjask take pleasure in; accept.
þér *see* þú.
þess *see* sá.
þess *adv. w. comp.* the, so much the.
þessi *prn.* this.
þiggja *sv.* 5, receive.
þik *see* þú.
þing *sn.* meeting, parliament.
þinn *see* þú.
þit *see* þú.
þjóð *sf.* nation, race.
þó *adv.* though, yet.
þ kð *see* þekja.
þökk *sf.* thanks, gratitude [þakka].
þola *wv.* 2, endure, put up with.
þora *wv.* 2, dare.

þorf *sf.* need.
þorrinn *see* þverra.
þótt *adv.* though [=þó at].
þótta *see* þykkja.
þraut *see* þrjóta.
þreifask *wv.* 3, grope, feel.
þreyta *wv.* 1, make exertions, try.
þriði *adj.* third.
þriðjungr *sm.* third.
þrír *num.* three.
þrjóta *sv.* 7, *impers. w. acc. of pers.* come to an end, fail.
þrúðugr *adj.* mighty.
þú *prn.* thou.
þumlungr *sm.* thumb of glove.
þunn-vangi *wm.* temple (of head).
þurðr *sm.* diminution.
þurfa *swv. often impers.* require, need.
þurs *sm.* giant.
þverra *sv.* 3, diminish.
þvers *adv.* across.
því *see* sá.
því *adv.* therefore; *w. compar.* the, so much the more.
þvílíkr *adj.* such.
þykkja *wv.* 1c, seen, be considered. 'þykkir einum fyrir,' there seems to be something in the way, one hesitates. 'myndi mér fyrir þ. 1,' I should be displeased. þykkjask, think.
þykkr *adj.* thick, close.
þynna *wv.* 1, make thin. þynnask get thin.
þyrstr *adj.* (*ptc.*) thirsty.

U.

ú-fœra *wf.* impassable place; fix, difficulty.
ú-friðr *sm.* hostility, war.
ú-grynni *sn.* countless number [grunnr, 'bottom'].
ú-happ *sn.* misfortune.
um *prp. w. acc.* around, about, over; *of time* in, at; *of superiority* beyond; concerning, about.
um-ráð *sn.* advice, help.

um-sjå *sf.* care.
una *wv.* 1, *w. dat.* be contented—
'u. illa,' be discontented.
undan *prp. w. dat.*, *adv.* away
(from).
undarliga *adv.* strangely.
undarligr *adj.* strange.
undir *prp. w. acc. and dat.* under.
undr *sn.* wonder.
ungr *adj.* young.
unninn *see* vinna.
uns *adv.* until.
upp *adv.* up.
upp-ganga *wf.* boarding (ship).
upp-haf *sn.* beginning [hefja].
upp-himinn *sm.* high heaven.
uppi *adv.* up; at an end.
urðu *see* verða.
út *adv.* out. *comp.* utar, outer,
outwards, farther away.
utan *adv.* outside; outwards.
utan-ferð *sf.* journey abroad.
utar *see* út.
úti *adv.* outside, out on the sea.
út-lausn *sf.* ransom.

V.

vægð *sf.* forbearance.
vænn *adj.* likely, to be expected.
væri *see* vera.
vætr *neut.* nothing.
vaka *wv.* 3, be awake, wake up.
vakna *wv.* 3, awake.
vald *sn.* power, control.
val-kyrja *sf.* chooser of the slain,
war-goddess [kjósa].
valr *sm.* corpses on the battle-field.
vån *sf.* hope, expectation, proba-
bility.
vandræða-skåld *sn.* the 'awk-
ward' poet, the poet who is diffi-
cult to deal with.
vandræði *snpl.* difficulty.
vangi *wm.* cheek.
vanr *adj.* accustomed.
våpn *sn.* weapon.
våpna-burð *sm.* bearing weapons,
shower of missiles.

våpn-lauss *adj.* without weapons.
var *see* vera.
vår *sn.* spring.
vår *see* ek.
vara *wv.* 2, *impers. w. acc. of pers.*
—'mik varði,' I expected.
varð *see* verða.
varði *see* verja.
vargr *sm.* wolf.
variðr *see* verja.
varla, *adv.* scarcely.
varnaðr *sm.* goods, merchandise.
våru *see* vera.
vatn *sn.* water.
vaxa *sv.* 2, grow; increase.
veðr *sn.* weather.
vegr *sm.* road; way, manner; direc-
tion, side; *in composition,* region,
tract, land.
veik *see* víkja.
veit *see* vita.
veita *wv.* 1, give, grant; make (re-
sistance, etc.).
vekja *wv.* 1b, wake [vaka].
vél *sf.* artifice, cunning.
velja *wv.* 1b, choose.
vendi *see* vondr.
vér *see* ek.
vera *sv.* exist; remain, stay, happen;
be. 'hvat låtum hafði verit,'
what had caused the noise. v.
at, be occupied with.
verð *sn.* worth, value; price.
verða *sv.* 3, happen; happen to
come. 'v. fyrir einum,' come in
one's way, appear before one;
become; come into being, be;
'v. til eins,' be ready for, under-
take; *w. infin.* be obliged, must.
'nú er å orðit mikit fyrir mér,'
now I have come into a great
perplexity, difficulty. v. at, hap-
pen.
verðr *adj.* worth; important.
ver-gjarn *adj.* desirous of a hus-
band, loose.
verit *see* vera.
vert *see* verðr.
verja *wv.* 1b, defend—'v. baki'

defend with the back, turn one's back on.

verja *wv.* 1b, dress ; lay out money, invest.

verk *sn.* work, job.

verr *sm.* man ; husband.

verr *adv. comp.* worse. *superl.* verst, worst.

verold *sf.* world.

vestan *adv.* from the west. 'v. fyrir' *w. gen. or acc.*, west of.

vestr *adv.* westwards.

vetr *sm.* winter ; year.

vex *see* vaxa.

vexti *see* voxtr.

við *prp. w. acc.* by, near ; towards (of place and time) ; with (of various relations). *w. dat.* towards, at (laugh at, etc.) ; in exchange for, for.

víða *adv.* widely, far and wide, on many sides.

víðar-teinungr *sm.* tree-shoot, plant.

við-bragð *sn.* push.

víðr *sm.* 3, tree.

víðr *adj.* wide, broad.

við-skipti *snpl.* dealings.

við-taka *wf.* reception ; resistance.

vígja *wv.* 1, consecrate, hallow.

vígr *adj.* warlike, able-bodied.

víking *sf.* piracy, piratical expedition.

víkingr *sm.* pirate.

víkja *sv.* 6, turn, move, go.

vilja *swv.* will.

villi-eldr *sm.* wildfire, conflagration.

vináttta *wf.* friendship.

vináttu-mál *snpl.* assurances of friendship.

vinna *sv.* 3, do, perform ; win, conquer. vinnask til, suffice.

vinr *sm.* 2, friend.

virðing *sf.* honour [verðr].

vísa *wv.* 2, *w. dat.* show, guide.

víss *adj.* wise ; certain.

vissa *see* vita.

vist *sf.* 2, board and lodging ; provisions.

vit *see* ek.

vita *swv.* know ; be turned in a certain direction. v. fram, see into futurity.

víti *sn.* punishment, penalty.

vítis-horn *sn.* penalty-horn (whose contents were drunk as a punishment).

vitkask *wv.* 3, come to one's senses.

vitr (-ran) *adj.* wise.

vollr *sm.* 3, plain, field.

vondr *sm.* 3, twig, rod.

vorn *sf.* defence, resistance.

voxtr *sm.* 3, growth, stature.

Y.

yðr *see* þú.

yfir *prp. w. acc. and dat.* over [ofan].

ymiss *adj.* various, different.

ymr *sm.* rumbling noise.

ytri *adj. comp.* outer. *superl.* ystr, outside(st) [út].

PROPER NAMES.

Āki *sm.*
Āsa-þórr *sm.* (divine) Thor.
Āstriðr *sf.*
Auðun *sm.*

Baldr (-rs) *sm.*
Barði *wm.* 'the Ram' (name of a ship).
Bil-skirnir *sm.*
Brisinga-men *sn.* Freyja's necklace.
Burisleifr *sm.*

Dāins-leif *sf.* relic of Dāinn. ['leif,' leaving, heritage].
Dana-konungr *sm.* king of the Danes.
Danir *smpl.* the Danes.
Dan-mork *sf.* 3, Denmark.
Draupnir *sm.*

Einarr *sm.*
Eindriði *wm.*
Eirīkr *sm.*
Erlingr *sm.*
Fen-salr *sm.* 2.
Finnr *sm.*
Finnskr *adj.* Finnish.
Freyja *wf.*
Freyr *sm.*
Frigg *sf.* wife of Odin.
Fulla *wf.* Frigg's handmaid.

Geira *wf.*
Gimsar *fpl.*
Gjallar-brū *sf.* the bridge over the river Gjǫll.

Gjǫll *sf.* 'the Resounder,' the river of Hell.
Grœn-land *sn.* Greenland.
Gullin-bursti *wm.* 'Golden-bristle.'
Gull-toppr *sm.* 'Gold-top.'

Hā-ey *sf.* 'High-island.'
Hākon *sm.*
Hall-freðr *sm.*
Haraldr *sm.*
Héðinn *sm.*
Heim-dallr *sm.*
Hel *sf.* the goddess of the infernal regions.
Her-møðr *sm.*
Hildr *sf.* ['hildr,' war].
Hjaðninga-vīg *sn.* battle of the Hjaðnings.
Hjarrandi *wm.*
Hlōriði *wm.* the Thunderer, Thor.
Hǫgni *wm.*
Hring-horni *wm.* 'Ring-prowed.'
Hyrningr *sm.*
Hyrrokin *sf.*
Hǫðr *sm.*

Īs-land *sn.* Iceland.
Īsland-ferð *sf.* journey to Iceland.
Īslenskr *adj.* Icelandic.

Jōms-borg *sf.*
Jōms-vīkingar *smpl.* the pirates of Jōmsborg.

Kol-bjǫrn *sm.*

Laufey *sf.*

Litr *sm.*
Loki *wm.*

Móð-guðr *sf.*
Mœri *wf.*

Nanna *wf.*
Nepr *sm.*
Njarðar *see* Njǫrðr.
Njǫrðr *sm.*
Nóa-tūn *snpl.*
Noregr *sm.* Norway [= norð-vegr].

Ǫku-þórr *sm.* Thor (the driver)
  [aka].
Ōlāfr *sm.*
Ōðinn *sm.* Odin.
Orkn-eyjar *sfpl.* Orkneys.

Rōma-borg *sf.* Rome.
Rūm-ferli *wm.* pilgrim to Rome
  [fara].
Rǫskva *wf.*

Sax-land *sn.* Saxony, Germany.
Sif *sf.*
Sigríðr *sf.*
Sig-valdi *wm.*
Skjálgr *sm.*
Skrȳmir *sm.*
Sleipnir *sm.*
Slíðrug-tanní *wm.* [tǫnn].
Sœnskr *adj.* Swedish.
Sveinn *sm.*
Svia-konungr *sm.* king of Sweden.
Svíar *smpl.* Swedes.

Svia-veldi *sn.* Sweden [vald].
Svi-þjóð *sf.* Sweden.
Svǫlǫr (-rar) *sf.* island of Svolder,
  near Rügen.

Tann-gnjōstr *sm.* [tǫnn].
Tann-grisnir *sm.* [tǫnn].
Tryggvi *wm.* ' Trusty.'

Þjálfi *wm.*
Þórir *sm.*
Þor-kell *sm.*
Þórr *sm.* Thor.
Þor-steinn *sm.*
Þrūð-vangar *smpl.* ' plains of
  strength.'
Þrymr *sm.*
Þǫkk *sf.*

Ūlfr *sm.*
Ūtgarða-loki *wm.*
Ūt-garðr *sm.* Ūt-garðar *pl.* ' outer
  enclosure,' world of the giants.

Vanir *smpl.* race of Gods.
Vār *sf.* goddess of betrothal and
  marriage.
Vest-firskr *adj.* of the west firths
  (in Iceland).
Vīk *sf.* ' the Bay,' the Skagerak
  and the Christiania fjord.
Vinda-snekkja *wf.* Wendish ship.
Vind-land *sn.* Wendland.
Vindr *smpl.* the Wends.
Ving-þórr *sm.* name of Thor.

THE END.

Printed in the United States
138530LV00006B/67/A

9 781436 773690